SOUVENIRS

DE

VOYAGES

AUX

PYRÉNÉES, EN ITALIE ET EN ESPAGNE,

FAISANT SUITE

AUX VOYAGES DE SAINT-CLOUD A ROME;

PAR

Mme VERVEL, née DUVAL.

PARIS,

IMPRIMERIE ET LIBRAIRIE ADMINISTRATIVES

DE PAUL DUPONT.

Rue de Grenelle-Saint-Honoré, 5.

1854.

SOUVENIRS DE VOYAGES.

SOUVENIRS

DE

VOYAGES

AUX

PYRÉNÉES, EN ITALIE ET EN ESPAGNE,

FAISANT SUITE

AUX VOYAGES DE SAINT-CLOUD A ROME;

PAR

Mme VERVEL, née DUVAL.

⁓⊷⊷⊷⁓

PARIS,

IMPRIMERIE ET LIBRAIRIE DE PAUL DUPONT,

Rue de Grenelle-Saint-Honoré, 45.

—

1854

2309

SOUVENIRS

DE VOYAGES

AUX

PYRÉNÉES, EN ITALIE
ET EN ESPAGNE.

———•———

VOYAGE AUX PYRÉNÉES.

———•———

O charmant mois de mai, te voilà donc revenu
pour embellir les routes des heureux voyageurs qui
vont les parcourir ! A ton aspect, les malles se ferment comme par enchantement ; chacun ne veut rien
perdre des grands et beaux jours dont tu fais l'entrée. Le cœur plein encore de charmants souvenirs
d'Italie, nous ne pouvons cependant faire autrement
que de partir ; on ne peut voyager une fois sans vouloir continuer, cela devient un besoin.

1

Cette vie animée, remplie d'émotions, de plaisirs différents, n'est-elle pas cent fois préférable? N'a-t-on pas toujours le temps dans sa vieillesse de rester au coin du feu, sans s'y asseoir trop tôt; si toutefois cela vous charme, ne les regrettez pas, l'on arrive là toujours plus tôt qu'on ne veut. On peut bien se reposer, mais on ne peut pas toujours marcher. Profitez donc de votre jeunesse pour vous meubler l'esprit de choses que vous ne pourrez revoir plus tard et dont vous serez trop heureux d'avoir conservé le souvenir.

Et comment n'aimerait-on pas à voyager? Partout n'êtes-vous point accueillis? Où trouverez-vous une société plus agréable? Chaque voyageur n'a-t-il pas intérêt à être aimable puisqu'il voyage pour son plaisir? Elle ne peut donc être triste cette société toujours renouvelée où la jalousie et les cancans n'ont pas le temps de naître. Ne suffit-elle pas déjà pour vous donner envie de voyager? L'ennui ne peut arriver jusqu'à vous, car, du moment que vous cessez de vous amuser dans un pays, vous allez dans un autre. Cette liberté accompagnée de tant de distractions vous remet la santé de suite.

Nous n'étions pas arrivés à Orléans, première station, que nous respirions déjà mieux.

Le lendemain, nous avons repris le chemin de fer pour Bourges, ville où nous avions déjà passé, mais sans avoir pu voir la maison de Jacques Cœur, qui, quoique fils d'un petit horloger, est parvenu à faire un commerce tellement étendu qu'il prêtait de l'argent au roi Charles VII. Malgré cela, ce prince le fit exiler pour avoir eu des idées sur Agnès Sorel, sa maîtresse.

Aujourd'hui, ce château appartient à l'Hôtel-de-Ville. C'est dans une des tours qu'étaient enfermés Barbès et plusieurs autres accusés pendant leur jugement. Pour un temps aussi reculé, l'architecture est très-belle. Au-dessus de chaque escalier, même celui de la cuisine, on remarque en relief les allégories qui convenaient à chacun d'eux.

C'était la seule chose que nous désirions voir à Bourges puisque nous connaissions la cathédrale.

Le lendemain, nous sommes partis pour Bourbon-l'Archambaud, reprendre encore quelques bains; si ce n'est par nécessité, c'est par distraction. J'ai trop à me louer de leur efficacité pour ne pas désirer y retourner. Quand l'on s'est trouvé privé de marcher pendant trois mois et que quinze jours au plus ont suffi pour vous remettre, on peut bien s'arrêter avec plaisir dans un pays auquel on doit tant de reconnaissance, ne serait-ce que pour servir d'encouragement à ceux qui, malheureusement, n'ayant connu ces eaux que tard, ont laissé le mal s'augmenter et ont besoin de preuves pour croire qu'ils pourront jamais guérir.

Nous sommes restés un grand mois aux eaux, retenus par une société charmante dont on se séparait à regret. Tous les soirs, la musique, la danse, la conversation : tout marchait sous l'archet de la gaieté, et le début de notre voyage nous faisait espérer beaucoup d'agréments.

Nous partons pour Moulins : comme nous y étions passés l'année dernière, notre intention était d'en repartir de suite pour Clermont. Ayant manqué deux fois le coupé, nous nous décidâmes pour l'intérieur : tout était complet.

Sur les deux heures du matin, au moment où nous descendions une montagne très-rapide, j'aperçus tout à coup une lumière qui ressemblait aux grosses lanternes de la diligence ; ne voyant pas de voiture nous dépasser, je me levai de suite pour regarder : c'était une roue de notre voiture qui se trouvait comme enflammée par un feu d'artifice. Aussitôt, vous n'en doutez pas, bien avant de rentrer la tête dans la voiture, je criai à tue-tête :

« Le feu est à la roue ! »

Je n'eus la peine de réveiller personne, je vous assure, et bientôt par tous les carreaux on jetait d'une voix plaintive le même cri :

« Conducteur, arrêtez ! Le feu est à la diligence ! »

Ce qu'il y avait de plus effrayant, c'est que le conducteur ne pouvant arrêter subitement ses chevaux, par son retard augmentait notre frayeur. Enfin, il jeta un regard sur la roue et, comme ce n'était pas la première fois que cela lui arrivait, il nous assura que c'était simplement le frottement de la roue sur la mécanique. Nous reprîmes alors nos places, tout émus de notre frayeur et la voix enrouée des cris que nous avions jetés.

Décidément, il faut continuer longtemps à voyager pour voir un peu de tout, car voilà la première fois que cela nous arrive.

J'ai peu l'habitude de dormir en voiture, mais l'agitation me tint éveillée une partie de la nuit. Je vis plusieurs villes, telles que Gannat et autres, qui sont loin d'éveiller le regard du voyageur autant que la roue enflammée. Mais puisque mes yeux ne pouvaient se refermer, autant jeter sur elles un coup d'œil aussi rapide que le trot des chevaux.

Cependant, il faut excepter la ville de Riom. Le palais de justice joint à la prison rend cette ville assez remarquable. De là jusqu'à Clermont, la route est magnifique ; les terres sont parfaitement cultivées, et vous voyez au loin un rideau de collines, qui, quoique très-élevées, sont écrasées par le Puy-de-Dôme, qui domine sur elles comme la lune au milieu des étoiles.

A notre arrivée à Clermont, nous sommes allés voir la fontaine pétrifiante. Dès sa source, l'eau laisse une nuance jaunâtre partout où elle passe. A sa plus grande largeur, une baraque en planche renferme mille choses différentes, des petits paniers, des oiseaux, des fruits, etc., qui placés sur des marches reçoivent goutte à goutte par le plafond troué l'eau qui les couvre comme d'un enduit aussi dur que la pierre ; puis à côté une autre source cristallise cette pierre, en la rendant d'un blanc d'albâtre. On voit aussi un pont qui s'est formé du limon de l'eau, et tous les ans ce pont s'allonge de deux pouces.

Nous avons pris une petite calèche pour aller à Royat visiter les bains de César, et beaucoup plus haut, nous sommes arrivés à la grotte Royat dont l'eau qui tombe vient d'un rocher au-dessus. A côté se trouve une belle chute d'eau ; la voiture était restée à une petite distance, faute de pouvoir pénétrer jusque-là. Nous sommes remontés dedans en admirant de tout côté les charmants points de vue de cette route.

Le lendemain, nous sommes retournés à pied, afin de pouvoir mieux jouir du coup d'œil : la route est assez champêtre pour désirer la faire à pied. En face les bains, est écrit : *Grenier de César.* Dans un petit casier sous verre sont déposés des sols et des médailles trouvés dans les ruines. Je ne sais pourquoi dans une autre montre est le tableau de Napoléon ; il y a aussi celui de Manuel, et tout autour de son portrait est écrit : « Buvez du *Laffitte*, habillez-vous en *casimir*, lisez votre *manuel*, ajoutez y *foi* et soyez *constant.* »

Après avoir lu cela, nous sommes passés sur un mauvais pont de bois où un guide nous a conduits, par un petit sentier bien roide et bien étroit, aux greniers qui ont appartenu à César. Nous y avons ramassé, comme tous les touristes, des grains de blé, qui, malgré le feu qui a été mis à ces mêmes greniers, sont restés en charbons sans être écrasés.

Nous avons ensuite continué à suivre le petit sentier, en traversant bien des passages difficiles occasionnés par une petite source dont on changeait la direction. Enfin nous sommes arrivés à une grotte tellement grande et noire que de la regarder de loin l'on en avait assez.

Nous avons poussé ensuite jusqu'au village pour voir l'église et la croix placée devant, qui n'a d'autre prix que d'être très-ancienne : elle date du temps des Romains. Nous avions besoin de nous reposer, et nous sommes revenus par la grande route pour aller plus vite.

Rentrés dans Clermont, nous avons visité la cathédrale. L'architecture en est remarquable et les vitraux sont très-beaux. Clermont est assez bien bâti ; les rues sont larges et garnies de trottoirs. Au milieu de la grande place est la statue de Desaix ; sur une autre place s'élève une pyramide.

La ville, sans être bien vivante, ne peut cependant pas être rangée parmi les villes tristes, ne serait-ce que par le passage des voyageurs, qui vont à Vichy, ou au Mont-d'Or, et qui y donnent un mouvement perpétuel.

On ne peut aller à Clermont sans vouloir connaître le Puy-de-Dôme ; aussi attendions-nous avec impatience le beau temps pour nous y faire conduire. Cette montagne est tellement haute qu'il y pleut très-souvent, et le brouillard épais qui l'environne, empêche même de distinguer les chemins. Enfin, le troisième

jour, le temps nous parut assez beau ; nous partîmes
à sept heures du matin, dans une petite calèche, nous
suivîmes pendant trois lieues la route du *Mont-d'Or*,
nom qu'elle mérite bien par la quantité de touristes
qui ont dû répandre de l'argent sur cette route si di-
gne de les y attirer. A partir de Clermont, vous montez presque toujours au pas, ne sachant où fixer vos
yeux. Les villes des environs, les prairies, les vallées,
les coteaux de vignes, les bois, tout vient à la fois se
présenter à votre vue. Cette route, en forme de labyrinthe, vous laisse toujours apercevoir les voitures
que vous allez rejoindre ou celles qui vous suivent. A
une très-grande distance, votre œil reconnaît le chemin ; sur un sommet beaucoup plus haut, on voit passer d'autres voitures qui indiquent la route, autrement on ne se douterait jamais que l'on va monter
aussi haut.

Arrivés à la baraque, maison où l'on prend les guides, nous avons fait un déjeuner champêtre ; nous
sommes remontés ensuite dans la voiture et notre
guide sur le siége. Peu d'instants après, nous avons
quitté la route du Mont-Dor pour suivre celle du Puy-
de-Dôme. Là, ce n'était plus la grande route bien entretenue, mais une vraie route de traverse ; la voiture
ne pouvant, à cause des trous, aller au pied de la
montagne, vous laisse à une grande distance. Nous
commençâmes à traverser, toujours en montant, une
longue prairie où paissait un troupeau de moutons ;
ensuite nous arrivâmes à la première station, appelée

Oreiller, où s'arrête nombre de personnes, faute de pouvoir aller plus loin. Quoique très-essoufflée, je voulus aller au petit Puy-de-Dôme, deuxième station. Ce sont les chemins qu'il faut voir, remplis de bruyères, de laves et de cendres ; des rochers qu'il faut escalader : cependant, encouragée par mon guide, et la gloire de pouvoir dire : « J'ai vu le Puy-de-Dôme! » me donnant de nouvelles forces, je continuai notre ascension jusqu'au plateau.

Enfin, voyant que je ne pouvais ternir mon courage pour si peu, je montai encore un quart-d'heure et me trouvai sur le sommet du Puy-de-Dôme. Arrivée là, mon chapeau fut enlevé de suite par le vent ; heureusement il était arrêté par une bride, car je courus grand risque de m'en aller nu-tête. Le vent y est excessif, à peine si on peut y parler ; il est facile de le croire quand l'on est placé à 5,800 pieds au-dessus du niveau de la mer. Nous avons vu tout ce que la nature possède de beau et d'effrayant à la fois ; à plus de trente lieues autour de nous s'étendait le point de vue : les villes, les lacs, les bois, les prairies, les coteaux tout en faisait un panorama des plus variés. C'est surtout autour du Puy-de-Dôme qu'il faut arrêter ses regards ; quarante-deux montagnes et dix-huit cratères l'entourent. En descendant, nous sommes passés près du cratère appelé Nid de la Poule ; le soufre étant épuisé dans ces cratères, ils ne jettent plus rien ; ce ne sont plus alors des volcans dangereux : mais il n'est pas moins vrai que la lave en a été

lancée à deux lieues plus loin et que tous les sentiers
sont remplis des cendres de ces volcans ; on a beaucoup de peine à y marcher, on enfonce de plusieurs
pouces dans cette cendre ; enfin on en est quitte pour
vider ses brodequins.

Nous avons fait à peu près quatre lieues dans ces
chemins et sommes restés huit heures et un quart
pour monter et descendre le Puy-de-Dôme, bien en-
chantés de notre ascension, ne pensant nullement à
notre fatigue ; seulement, à la chance que nous avions
eue de pouvoir y monter. En descendant nous avons
reçu une petite averse ; mais comme nous avions un
parapluie et que nous avions tout vu, en arrivant à la
baraque nous nous sommes mis devant un bon feu
et nos vêtements ont séché. Nous avons su que deux
voyageurs venaient de partir, et, peu de temps
après, ils ont été obligés de revenir sans y être
montés, les brouillards les eussent empêchés de rien
voir et ils y ont couru trop de dangers. C'est une promenade assez dispendieuse, du reste, et qu'ils seront
obligés de recommencer. Nous, en véritables protégés,
nous avons tout vu au moment où le ciel sans nuages
semblait attendre que nous fussions en bas. Nous
avons repris notre calèche et sommes rentrés à l'hôtel sur les trois heures.

Quoique bien fatigués de notre ascension, le lendemain nous sommes partis pour Aurillac, en passant
d'abord par Issoire, petite ville assez bien et dont
'lentrée est fermée la nuit par une grille. Après avoir

passé Lempde, nous avons descendu une très-belle côte appelée côte du Grenier, puis ensuite à Massiac, petite ville. A compter de là jusqu'à Murat, vous vous trouvez transporté en Suisse ; la route serpente, d'un côté, le long des rochers et, de l'autre côté, vous avez une vallée magnifique, traversée par une petite rivière, où vous voyez toute espèce de bestiaux se promener le long. Une belle chaîne de montagnes encadre cette belle vallée ; vous planez au-dessus à 5 ou 600 pieds et cette jolie vue dure pendant au moins huit lieues. Arrivés à Murat, nous avons déjeuné. Une demi-heure après, nous remontions en voiture ; ce n'était plus le coup d'œil riant de la vallée, mais l'aspect sévère d'une forêt dont les montagnes à pic, couvertes d'arbres de pins, formaient une espèce d'éventail majestueux ; la route est taillée au milieu de ce déluge de montagnes et garantie des ravins énormes par des bornes assez rapprochées. Nous sommes enfin arrivés à la percée ou Plomb du Cantal, montagne comparable pour la hauteur au Puy-de-Dôme ; moyennant plusieurs millions, on est parvenu à en faire un tunnel. Nous y sommes passés en diligence et nous avons mis quinze minutes et demie pour le traverser. Malgré une trentaine de réverbères, je vous assure que c'est bien noir et surtout bien humide. En sortant de là, avec plaisir nous avons revu le soleil et sommes entrés dans la grande et immense vallée de Vic ; jusqu'à Aurillac, la vue se perd dans l'espace ; on oublie que l'on a passé la nuit en voiture ; on tient à saisir tous ces effets différents, on regarde, on admire et on ne peut se rassasier des beautés de la nature. S'il m'est permis de donner un conseil à mes lecteurs, je dirai à ceux qui ne peuvent s'absenter longtemps : Allez en Auvergne ; jouissez du coup d'œil de la Suisse tout en restant en France.

Nous voici à Aurillac, ville assez grande, mais sans pouvoir être comparée à Clermont, quoique faisant partie également de l'Auvergne. Les rues en sont étroites, mal pavées, dépourvues de boutiques. S'il n'y a pas d'activité dans les affaires commerciales, ce n'est pas faute d'étourdir les passants ; le chaudronnier a la majorité au suprême degré ; les chaudrons doivent, dans ce pays, faire une de leurs plus belles branches de commerce ; à présent que j'en connais la source, je ne suis pas étonnée qu'à Paris tous nos chaudronniers soient de l'Auvergne. Étant arrivés un dimanche, nous avons eu l'avantage de les trouver endimanchés ; il est d'autant plus facile de les voir que, contre leur habitude de se promener, ils se rassemblent comme des troupeaux de moutons sur les places et vous laissent tout le temps nécessaire pour les admirer ; ils jasent debout, et, excepté le temps de l'office, leurs dimanches se passent ainsi. Sous une allée de marronniers, qui prend sans doute le nom de boulevard, les élégantes d'Aurillac vont se promener ; leurs tournures ainsi que leurs figures font honneur au bon air qu'elles respirent. Enfin, il faut aller en Auvergne non pour voir le luxe, mais pour admirer la culture.

Nous étions avertis d'avance que ce n'était pas la peine d'arrêter à Aurillac ; mais comme nous étions fatigués, nous avons voulu y rester jusqu'au lendemain. Une journée nous a suffi, je ne dirai pas pour tout voir, mais pour ne rien voir. C'est encore une de ces villes où le touriste repose ses jambes et son esprit. Nous en sommes repartis pour aller à Toulouse.

A peu de distance d'Aurillac se trouve une côte assez longue et rapide. Pour supplément de chevaux, on a attelé deux vaches ; il n'y a que des Auvergnats qui peuvent avoir de pareilles idées. Je pensais, en ce moment-là, à une pièce dans laquelle Arnal, passant dans une petite ville et ne trouvant pas à relayer, disait tout courroucé à la maîtresse de poste : « Attelez-moi quelque chose, Madame ; je ne puis rester ici. » Il faut croire que ce n'était pas en Auvergne, car je ne doute pas un instant qu'il fût reparti de suite ; plutôt que de manquer à gagner, ils attelleraient n'importe quoi.

La route continue à être belle, mais bien moins accidentée que de Clermont à Aurillac. Nous sommes passés sur le pont de fil de fer appelé la Madeleine, qui sépare le département du Lot de celui de l'Aveyron. Après avoir traversé plusieurs villes qui ne méritent aucune attention, nous sommes arrivés à Montauban, ville assez bien bâtie et où le voyageur

trouve de bons hôtels ; nous y avons déjeuné. Une
heure après nous remontions en voiture pour traverser d'immenses plaines par un soleil brûlant ; nous
avons fait une douzaine de lieues ainsi et sommes
arrivés enfin à Toulouse vers les cinq heures du soir,
heure à laquelle nous étions partis la veille.

Les jours comme les villes se suivent et ne se ressemblent pas. Toulouse est bien bâtie. De belles rues,
de belles places, de beaux magasins ; c'est très-vivant
et bien peuplé. Nous avons été au Capitolium, palais
bâti par les Romains ; la façade a dix-neuf fenêtres
garnies de superbes balcons, avec des armes dorées
placées au milieu de chacun ; le devant a été remis à
neuf ; mais le dedans ne répond pas au dehors. Aujourd'hui il est occupé par l'hôtel-de-ville et les
bureaux de la police. Nous avons aussi visité la
cathédrale, où à l'endroit où devrait se trouver le
portail est bâtie une maison. On y entre sur le côté
par une petite porte ; au lieu de monter comme
d'habitude, on descend plusieurs marches. L'entrée
est faite en forme de temple : autour et au-dessus
sont des stalles pour le public. Cependant, en tournant à gauche, vous finissez par voir le chœur, qui
est très-beau ; autour de la nef sont placées de belles
chapelles. L'église, tout compris, ne serait pas mal
si le portail eût été fait.

Nous sommes allés ensuite nous promener sur le
boulevard Lafayette ; trois avenues d'arbres y sont
réservées aux piétons ; de chaque côté, une rue où,

dans toute la longueur, sont construites de très-belles maisons, garnies de persiennes vertes; cela fait très-bon effet; presque tous les balcons sont remplis de dorures. Au bout du boulevard est l'école vétérinaire, qui en est séparée par le superbe canal qui communique jusqu'à *Cette*, port du golfe de Lyon. C'est sous le règne de Louis XIV que ce canal a été fait.

Comme nous étions là, le bateau-poste a passé; c'est assez agréable pour les voyageurs qui n'aiment pas la diligence; il paraît aller très-vite. Après l'avoir suivi des yeux quelques instants, nous nous sommes présentés à l'école vétérinaire; il faut avoir une permission pour entrer, mais comme étrangers on nous a fait tout voir sans cela : Premièrement, le cabinet où sont placés des animaux phénomènes qui ont existé, tels qu'un veau à deux pieds, d'autres qui ont cinq pieds pour marcher et deux sur le dos, des petits agneaux à deux têtes; nous avons vu aussi des enfants à deux figures, n'étant pas venus à terme; ils ont été conservés dans de l'esprit de vin. De là nous avons traversé de longues galeries et plusieurs cours pour aller visiter les écuries, où se trouvent tous les animaux malades; dans certaines écuries il y a des poulies au plafond pour suspendre les chevaux qui, à la suite d'un traitement, ne doivent pas se coucher. On nous a fait voir le jardin botanique, où chaque plante porte son nom sur un écriteau de faïence; c'est là où les jeunes gens apprennent non-seulement à connaître les plantes, mais la manière de les em-

ployer pour les maladies différentes de chaque animal. Nous sommes ensuite rentrés dans l'intérieur
de l'établissement, qui est très-vaste ; il y a une
pharmacie. Les salles d'étude, les réfectoires, les
dortoirs entourent la principale cour. Deux cents jeunes
gens y font leurs études. Les écoles d'Alfort, de Lyon
et de Toulouse sont les seules que nous ayons en
France.

Le lendemain, nous sommes allés voir l'ancienne
église de Saint-Sernin, bâtie en mémoire de saint
Sernin, premier évêque de Toulouse, qui, du temps
des Barbares, fut attaché par les pieds à un taureau
sauvage qui s'arrêta à la place où il repose aujour-
d'hui. Derrière le maître-autel, vous montez par un
escalier en marbre rouge. Là est un autre autel où
son corps a été déposé ; il y est représenté debout.
Quatre colonnes en marbre rouge soutiennent un
dais ; sur chaque colonne sont placés des anges ; tout
est doré depuis le tombeau jusqu'au faîte du dais :
c'est très-riche et bien entretenu. Des caveaux placés
dessous renferment des reliques.

A présent que nous avons vu ce qu'il y a de remarquable à Toulouse, nous allons aller à Pau. En sortant
de la ville, nous avons passé sur un pont de pierre
d'une largeur remarquable et au bout duquel, sous
une porte formant arc de triomphe, nous avons ensuite gagné la plaine, que nous avons parcourue assez
de temps ; enfin nous sommes arrivés à l'Isle-en-Jour-
dain, petite ville bâtie entre deux longues avenues

d'arbres, couvertes en berceau ; aussi, n'importe l'âge des voyageurs, ont-ils tous le droit de dire après avoir passé dans cette ville : Je la vis en sortant du *berceau*. Nous avons ensuite continué notre route jusqu'à Auch, ville bâtie en amphithéâtre. A compter du bas de la ville, on monte par une espèce de labyrinthe formant un pont tournant, qui passe par-dessus les maisons pour aller rejoindre le haut, où se trouve la superbe cathédrale d'Auch, si renommée surtout pour ses vitraux. Malheureusement, nous n'avons eu que le temps juste pour dîner et nous avons été privés d'y entrer ; cependant nous n'avons pas tout perdu, puisque nous avons été assez heureux pour voir, étant en diligence, le magnifique portail. Pour nous dédommager, la route jusqu'à Tarbes a été assez agréable : dans le lointain, nous apercevions les Pyrénées couvertes de neige, et, devant elles, toute cette belle verdure qui ne se ressent nullement du froid des montagnes qui l'environnent.

Nous sommes arrivés à Tarbes sur les deux heures du matin. D'après ce que j'ai pu juger de l'éclairage, du pavage et des maisons, l'obscurité de la nuit doit lui être d'un grand secours pour éviter la critique ; et puisque, m'a-t-on dit, il n'y a rien à voir dans le jour, estimons-nous heureux d'y être passés la nuit.

Nous sommes donc repartis de là pour Pau, où nous sommes arrivés dès le matin. Sitôt que nous avons pu sortir, nous nous sommes empressés d'aller visiter le château de cette ville, où naquit Henri IV.

C'est un château fort; plusieurs ailes de bâtiments ont été restaurées sous Louis-Philippe, et surtout les appartements; sur les murs sont tendues des tapisseries des Gobelins, et même des tapisseries faites sous le règne de François 1er. Les fauteuils ont été recouverts; mais les bois datent de Louis XIV. Plusieurs bahuts en bois sculpté, des vases et une table en porphire sont de Henri IV. Nous avons vu un secrétaire ou le dedans était rempli de petits tiroirs à compartiments, et dont l'ouverture se trouvait cachée par de petites coquilles dorées; ce meuble, rare et compliqué, vient de la Palestine. Nous avons vu aussi le lit de Jeanne d'Albret, fait en bois sculpté, à barreaux, en forme de cellule : le devant du lit seul forme ouverture. Plus loin, nous sommes entrés dans la chambre où naquit Henri IV. Sur un piédestal en velours cramoisi retombe une draperie en velours bleu parsemée de fleurs de lis d'or ; dessus est fixée une grande écaille de tortue, soutenue par des cables dorés qui vont se réunir à quatre drapeaux surmontés d'une couronne portant un casque doré et garni de plumes blanches : ce panache blanc, qui tant de fois rallia autour de lui ses soldats. C'est sous tous ces drapeaux qu'est placée aujourd'hui cette écaille, qui le reçut à sa naissance, et où, dans le balancement de cette espèce de nacelle, il trouvait le sommeil si précieux à cet âge. A côté de son lit d'avenir est placé celui qui reçut son dernier soupir. Assassiné par le lâche Ravaillac, il mourut au Louvre dans ce lit, que Louis-

Philippe fit venir à Pau pour que, dans la même chambre, fussent réunis le lit qui le vit naître et celui qui le vit mourir.

Je ne puis vous donner le détail d'une infinité de choses curieuses qui, placées de tous côtés, attirent l'attention. Plusieurs tableaux de d'Estrées se trouvent là, leurs adieux et autres. Au-dessus de ces mêmes appartements habitait Ab-el-Kader. Malgré tout le soin que l'on avait pris pour ôter tous les beaux meubles, ils ont trouvé encore moyen de laisser des traces partout de leur passage. Les parquets, quoique ayant été grattés, se ressentent encore des taches qu'ils ont reçues. Rien de plus sale qu'eux : ils mangeaient des melons toute la journée, et marchaient sur les côtes qu'ils jetaient continuellement par terre. Cela sentait mauvais, au point qu'il a fallu lessiver avec de l'essence pour enlever l'odeur. Enfin tout cela est réparé, et le second est presque aussi beau que le premier.

Nous avons vu aussi la petite chapelle dont les vitraux du fond représentent la nativité de notre Seigneur. A la suite de la chapelle est le grand escalier en marbre blanc, par lequel nous sommes descendus dans la cour, pour aller, de là, dans une espèce de jardin formant terrasse, et qui entoure le château.

Le lendemain, en allant faire viser notre passeport pour l'Espagne, un monsieur de la préfecture a eu l'amabilité de nous conduire aux archives attenant à la suite des bureaux. Après avoir traversé plusieurs piè-

ces remplies du haut en bas de liasses de papiers,
nous sommes entrés dans une autre dont les murs
sont tapissés de cadres, où sous verre sont mis différents écrits signés par des rois ; entre autres signa-
tures, celles de François Ier, de Henri II et des trois
fils, de Henri IV, de Jeanne d'Albret, et une lettre
écrite par Catherine de Médicis, qui, à ce moment,
comme Italienne, ne connaissait sans doute pas le
français, à en juger par les *fautes* qu'elle a faites.
Trop heureux pour la France qu'elle n'eût fait que
des *fautes d'orthographe!*

Plus loin, on nous a fait voir le livre de dépense
de la cuisine de Henri IV, portant l'année 1577, dé-
taillée et marquée en chiffres romains. Faisant maigre
toute la semaine, excepté le samedi, il mangeait beaucoup de poisson, qui s'achetait alors à la livre. Sur sa
dépense, on ne trouve effectivement écrit de viande
que tous les samedis. Il suivait sa religion de protes-
tant.

En sortant des archives, nous sommes allés sur la
place Royale, où, au milieu, est placée la statue de
Henri IV. De chaque côté, des allées bien couvertes,
garnies de bancs où, avec plaisir, on se repose pour
jouir, sur cette belle terrasse, du charmant coup d'œil
de la vallée, où serpente une rivière ombragée par
des saules.

Dans le lointain, vous apercevez les montagnes des
Pyrénées, qui, par un soleil brûlant, restent, dans le
sommet, couvertes de neige.

Tout près de cette terrasse, on trouve un établissement de bains dont l'élégance fait honte à ceux de
Paris. La vue que vous avez étant dans votre bain
devrait être payée plus cher que l'eau. En sortant de
là, votre corps, comme vos idées, se trouvent ra-
fraîchis.

Nous sommes rentrés à l'hôtel pour dîner, et notre
journée s'est terminée ainsi.

Pau, si renommée pour rétablir la santé, ne me fit
pas l'effet d'une température bien agréable. Le premier jour, nous avons supporté une chaleur exces-
sive, changée, le lendemain, par des averses conti-
nuelles. Le vent est assez doux ; malgré cela, il trouve
moyen de sécher les rues à l'instant. Au moindre
nuage que vous apercevez, si vous ne tenez pas à être
mouillé, il est prudent d'ouvrir d'avance votre parapluie. Entre deux averses, nous sommes sortis pour
voir la caserne, qui est très-belle devant le champ
de manœuvre. En suivant la rue, nous sommes arrivés à l'église Saint-Jacques, dont la nef et les bas-cô-
tés représentent des voûtes de caves, seulement un
peu plus élevées. Tout autour de la nef sont prati-
quées, en élévation, des stalles surmontées de grilles
de bois en quadrilles serrés, pour être occupées, d'un
côté, par des demoiselles dont le couvent est attenant
à l'église, et, de l'autre, par un pensionnat de jeunes
gens. Le portail est simple, et ressemble plutôt à l'entrée d'une chapelle ; c'est cependant la plus belle
église de Pau.

Le jour où il a plu le moins, nous l'avons employé à aller nous promener au parc faisant suite au château, quoique séparé par une promenade. Ce parc est un joli bois dessiné en forme de jardin anglais. A part la grande allée du haut, les autres montent et descendent en sens contraire. C'est sur une colline que se trouve le parc. Une quantité de bancs y sont placés. Là, vous respirez la fraîcheur du Gave, rivière assez large formée par la fonte des neiges. Il rase le pied de la colline. De l'autre côté c'est un panorama superbe : la prairie, les coteaux, les jardins, les maisons de campagne, tout en fait un tableau ravissant. Encadrée par les Pyrénées, cette belle allée a au moins 1 kilomètre.

De là, nous sommes descendus, par de petits sentiers, à une porte du parc qui communique à la route qui nous a conduits à Bilhère, village où se trouve Lassansaa. C'est là où fut nourri Henri IV. Au milieu d'un modeste jardin est bâtie une petite maison où, à l'entrée de la porte, sont gravées ses armes. On monte au premier, et dans cette chambre sont encore conservés le lit et la chaise de sa nourrice. Audessus de la cheminée est écrit, sur une toile, ceci :

> Aci quey la maisou
> Oun sey neürit
> Henric quoate
> Bibe lou rey,

en travers est un long bâton à pique qui lui servit.

quand il fut grand, à gravir les montagnes. Il fut élevé dans une grande simplicité, quoique destiné à occuper la première place du royaume, et sut se faire aimer partout où il passa. C'est avec plaisir que les habitants de Pau en parlent tous.

La ville, sans être belle, n'est pas mal. Beaucoup de maisons sont neuves. Sur une très-grande place, où descendent les diligences, sont construites de chaque côté, en alignement, des maisons à arcades, et une large terrasse devant. Nous avons à peu près tout vu, et nous allons aller aux Eaux-Bonnes.

Dès huit heures du matin, nous partions par une route charmante, qui doit déjà pour les malades servir de bonne augure à l'emplacement des Eaux-Bonnes. Après avoir fait plusieurs lieues dans de riantes vallées, nous sommes entrés dans les Pyrénées. De droite ou de gauche, vous n'apercevez plus que de prodigieuses montagnes, dont le sommet domine les nuages ; je ne puis que répéter pour les Pyrénées ce que j'ai dit pour les Alpes. Le coup d'œil est ravissant ; la nature se déploie dans toute sa grandeur. Avant d'arriver aux Eaux, il faut monter une longue route faite en labyrinthe et au bord d'un précipice. Que de difficultés on a dû avoir pour faire un chemin au milieu d'un tel chaos ! Enfin, les bains n'en sont pas moins bien animés ; de très-grands hôtels entourent la place de la promenade, et c'est à peu près le genre de Vichy, sauf le concert de M. Strauss, dont on peut bien se passer quand l'on possède une promenade aussi longue et aussi belle que celle que l'on a faite sur les montagnes ; elle en suit tous les contours. Au moment où vous vous croyez seul, le tournant de la montagne vous découvre une société ; des bancs sont placés tout le long ; un petit kiosque indique à peu près la moitié de la promenade appelée Horizontale. Ce chemin doit se continuer pour rejoindre les Eaux-Chaudes, ce qui serait fort agréable pour réunir les deux sortes de bains. Exprimer la vue, le bon air que l'on respire, est au-dessus de l'imagination de celui qui n'a jamais voyagé. S'il était permis de douter de l'efficacité des Eaux-Bonnes, malgré les cures remarquables qui leur ont mérité ce nom, il faudrait encore y aller pour se remettre le moral et admirer tout ce que Dieu est capable de faire pour le bonheur et la satisfaction de l'homme.

Ces eaux des Pyrénées, qui coulent de tous côtés pour servir de remèdes à tant de maux, ne sont-elles pas placées au milieu des montagnes, des rochers et des torrents, comme pour forcer les incrédules à reconnaître leur Dieu au milieu de tant de chefs-d'œuvre ? la santé qu'ils retrouvent ne leur indique-t-elle pas qu'il peut tout, et que l'eau seule qu'il envoie est plus efficace que toutes les potions faites chez les pharmaciens ? Il faut aller voir la cascade Valentin pour admirer la nature. Deux chutes d'eau tombent à pic et avec fracas d'un rocher ; la rapidité avec laquelle elles descendent en fait comme une pluie de neige ; l'oreille peut à peine en supporter le bruit.

Nous nous sommes mis au milieu du courant, en mon‑
tant sur de grosses pierres qui y sont amoncelées et
qui vous facilitent à voir de face cette magnifique
cascade.

Le petit village des Eaux-Bonnes est bâti dans une
des gorges des Pyrénées ; il forme un cul de sac. Une
jolie petite église est placée à l'extrémité et fait la
clôture du village. L'établissement des eaux, de la
buvette, est à côté. Si vous voulez aller plus loin, il
faut alors gravir vous-même les montagnes, les voi‑
tures n'ayant plus de chemin. Combien on est tran‑
quille dans de tels pays ! l'ennemi ni les révolutions
n'y sont point à redouter : les fortifications des Pyré‑
nées sont au-dessus de celles faites par la main de
l'homme, et il est trop facile de pénétrer dans d'autres
endroits pour avoir l'envie de franchir ceux-ci.

Aussi, combien de promenades différentes se pré‑
sentent sur tous les points au-dessus du chemin Hori‑
zontal. La promenade de Gramont est faite encore
bien plus en élévation. Nous l'avons parcourue d'un
bout à l'autre par un soleil brûlant sans en souffrir.
Ombragés par les arbres qui couvrent la montagne,
vous vous trouvez continuellement sous un berceau ;
vous montez par de petits sentiers faits en zig-zag.
Tout en haut, vous trouvez le banc Gramont, placé
autour d'un gros arbre dont les branches, rappro‑
chées, vous permettent de vous y reposer, même en
plein midi. Vous apercevez de là plusieurs petits vil‑
lages placés de l'autre côté de la gorge ; tout au bas,

2

le bourg de Larins. Après être restés une demi-heure à jouir d'un coup d'œil magnifique, nous avons repris notre petit chemin, qui est devenu si étroit que je n'osais le continuer. Ayant cependant aperçu quelqu'un, au moment où je voulais m'en retourner, qui m'assura qu'il n'y avait que quelques pas à faire pour me retrouver en sûreté, je me décidai, moyennant que j'appuyai du côté du rocher et sans regarder de l'autre le précipice à pic. Pour vous garantir d'une hauteur de mille pieds, on a mis simplement quelques pierres au hasard à la hauteur d'un pied. Aussi j'admirai le point de vue, après être passée. Nous suivîmes le chemin qui nous ramena au bas de la buvette. Après avoir bu mon eau bonne, nous remontâmes encore sur la butte du Trésor, où tout au faîte est bâti un joli petit kiosque chinois. Étant assis sur le banc qui l'entoure, comme tous les touristes, nous avons écrit notre nom à une des colonnes, et nous sommes redescendus ravis de notre journée.

Quelques jours après, nous sommes allés à la cascade d'Iscoo, située à une demi-lieue des Eaux-Bonnes. Pour y arriver, il faut presque toujours monter par un petit chemin heureusement assez bien couvert pour éviter le soleil; mais si la montée vous fatigue, vous en êtes bien dédommagé. En arrivant sur le pont de bois, d'un côté vous voyez plusieurs chutes d'eau qui se réunissent ensemble et passent dessous. Le bruit est épouvantable. De l'autre côté du pont, il nous a fallu descendre un petit sentier, et nous nous sommes alors placés devant.

Sous une espèce de petit berceau formé par des arbres courbés, on voit sortir un torrent d'eau, qui, se séparant en trois chutes d'eau, forme en tombant une pluie de neige. L'eau en est tellement froide, que de près on sent une fraîcheur à s'enrhumer, si l'on restait seulement dix minutes. Afin de pouvoir juger de toutes les cascades, nous avons poursuivi notre chemin. Quoiqu'en prenant le plus court, il y avait encore une demi-lieue à faire. Il nous a fallu d'abord escalader un petit mur, et nous nous sommes trouvés dans des prairies immenses, sur de hautes montagnes surmontées d'une autre chaîne de montagnes encore bien plus hautes. Que l'air est vif et pur à respirer au milieu de tant de verdure ! Quelle tranquillité parfaite : le bruit des torrents est le seul que vous puissiez entendre. De loin nous avons vu en passant la cascade appelée celle du Serpent, moins belle que les autres. Mais ce qui nous a beaucoup plus occupés, c'est la rencontre d'un jeune prêtre, qui tenait roulé après sa canne un serpent qu'il venait de tuer. La personne qui était avec nous connaissait ce monsieur. Il s'arrêta un instant à causer avec nous. Il se tenait à distance, dans la crainte de m'effrayer ; cependant la curiosité fit que je lui permis de le dérouler de sa canne, dont il avait entré le bout dans sa gueule à plus de vingt-cinq centimètres. Sa longueur portait au moins un mètre cinquante centi-

mètres ; et quand il le laissa pendre pour nous faire
voir sa longueur, il se tordait encore au milieu. Ce
monsieur prétendit que c'était la place où il l'avait
frappé avec sa canne. Tout compris, nous quittâmes
ce jeune prêtre sans regret. Seulement, comme il
venait de tuer ce serpent à l'endroit où nous allions,
je n'étais pas trop rassurée.

Nous continuâmes cependant notre route ; il fallut
traverser un courant d'eau sur une planche et ensuite
passer au travers d'une haie. Un petit paysan, qui se
trouva là, nous indiqua le chemin et nous conduisit
de suite à la cascade du Gros-Hêtre. Le tout était
d'arriver. Beaucoup plus loin, il y avait un petit
pont ; mais, pour abréger le chemin, je suis passée
sur une planche peu solide même pour les messieurs ;
ensuite j'ai sauté sur un rocher qui obstruait le passage, et enfin nous sommes arrivés devant la cascade
du Gros-Hêtre. Le haut ressemble à un petit bassin.
Le trop plein tombe à pic de plus de cinquante pieds
de profondeur. Cela forme une jolie cascade dont le
torrent est effrayant, sous le rapport qu'il passe entre
deux montagnes à pic, qui sont à peine séparées l'une
de l'autre ; le bruit est alors beaucoup plus fort. Nous
sommes de nouveau passés par notre pont, me promettant bien de ne pas en faire mon passage d'habitude, et bien contente d'avoir tout vu sans accident.

Dans toutes les montagnes des Pyrénées, de jolis
petits chemins sont faits de la largeur d'un mètre au
plus, et qui aboutissent au plus haut des montagnes,

C'est un tableau surprenant et dont on ne peut se rendre compte. En voyant passer à pied ou à cheval des personnes que l'on apercevait sous le feuillage et suivant toujours en zig-zag le chemin fait tout au bord de la montagne, vous les voyez passer en sens contraire jusqu'au sommet. C'est quelque chose de ravissant et qui occupe singulièrement, quand on pense qu'un faux pas ou une fantaisie de cheval pourrait les faire rouler en bas. Il est vrai que pour s'amuser, dans tout il ne faut voir que le bon côté. Ce coup d'œil me rappelait, mais d'une manière grandiose et animée, les tableaux à horloge que l'on vend dans le passage Vivienne.

Tous les jours vous pouvez varier vos plaisirs. Chaque promenade a un cachet différent ; c'est toujours du nouveau que vous rencontrez : une cascade, une source, que sais-je, tout pour distraire un touriste et lui laisser de grands souvenirs.

Nous, de notre côté, nous sommes allés au village d'Aas, situé dans la montagne à trois quarts de lieue. Il faut voir les paysans en toilette : vestes et ceintures rouges, culottes couleur chocolat et bas blancs à côtes en laine tricotée formant guêtres. Sur la tête, ils mettent une toque de laine marron, et les femmes un morceau de drap rouge pendant assez avant dans le dos.

Attachant fort peu de prix en général aux vêtements, je me suis contentée de regarder un instant plutôt pour faire plaisir aux personnes qui désiraient connaître le costume des Pyrénées. Au-dessus de ce même village, par de petits sentiers, nous sommes parvenus au sommet de la montagne Verte. Il y avait sept quarts d'heure que nous montions, et cependant nous apercevions encore notre hôtel, placé comme au fond d'un précipice, malgré que, pour arriver à *Bonne*, il faille beaucoup monter. Vous allez peut-être croire que de la montagne Verte nous dominions sur toutes les autres ; eh bien ! je voudrais au bout de ma plume pouvoir vous rendre l'effet de ce magnifique tableau et vous en procurer le coup d'œil. Sur un large plateau, nous nous trouvions environnés de montagnes beaucoup plus hautes ; seulement nous nous trouvions assez haut pour voir parfaitement la neige qui, sur le pic du Gers et d'autres, ne peut fondre par le froid excessif qu'il y fait. Nous n'avons pas voulu nous exposer sur d'autres que celle où nous étions ; c'est déjà suffisant pour passer pour des gens bien *élevés*. Il nous a fallu revenir, et, afin d'abréger le chemin, nous avons escaladé plusieurs haies ; malgré cela, nous avons encore mis plus d'une heure à redescendre. Pour bien s'amuser, il ne faut pas s'occuper de toilette, mais s'habiller de manière à aller partout et ne pas se priver de passer dans des chemins plus ou moins difficiles dans la crainte de déranger des chiffons que l'on retrouve toujours trop tôt.

Le lendemain, pour nous remettre de notre fatigue, avec la même personne, nous avons fait une partie à

cheval en nous dirigeant vers la route des Eaux-
Chaudes. En quittant celle des Eaux-Bonnes, vous
vous trouvez de suite dans une gorge où le Gave, par
la force de l'eau, s'est de lui-même fait un passage
au milieu de deux rochers à pic. C'est dans cette
même gorge que l'on a pratiqué une route qui a coûté
la vie à dix-huit ouvriers, qui ont été tués par
les pierres qui s'en sont détachées. Vous rasez d'un
côté les rochers et vous n'êtes séparé de l'autre que
par le Gave, dont vous entendez le bruit sans le voir,
tant le ravin est profond, à moins que vous ne fassiez
passer vos chevaux le long du petit mur d'appui qui
sert de parapet. Dans la route des Eaux-Chaudes,
vous sentez de suite une fraîcheur à vous enrhumer
si vous n'aviez soin de vous couvrir ; le soleil pénètre
peu dans cette gorge et l'eau y maintient une espèce
d'humidité qui se fait bien sentir. Plusieurs fois, pour
nous réchauffer, nous avons fait des temps de galop.

Un peu avant d'arriver aux Eaux-Chaudes, sur la
route, nous aperçûmes un monsieur qui, devant nous,
venait au galop ; nous le reconnûmes de suite pour
l'avoir plusieurs fois salué aux Eaux-Bonnes. Il s'arrêta quelques minutes devant nous, nous salua, nous
dit bonjour et continua son chemin. Ce monsieur était
tout simplement le mari de la sœur du roi d'Espagne.
C'est sur la route des Eaux-Chaudes que nos élégants
parvenus des Champs-Élysées devraient aller prendre
des leçons pour diminuer leur fierté en pensant à
leurs ancêtres. Arrivés au village, nous sommes des-

cendus de cheval pour aller visiter les bains des
Eaux-Chaudes ; l'établissement est presque aussi
beau que celui de Vichy ; les baignoires sont en marbre blanc ; de très-belles galeries à arcades entourent
une cour où, au milieu, est un jet d'eau ; plusieurs
buvettes de sources différentes sont placées autour
de ces mêmes galeries, occupant elles-mêmes beaucoup de terrain. Au premier sont les salons de lec-
ture, et à la suite une galerie qui doit servir de cercle
ou de salle de danse.

Après avoir visité les bains, nous sommes remontés à cheval, en prenant un guide pour nous
conduire à la grotte des Eaux-Chaudes. Là, ce n'était
plus une route, mais un sentier étroit rempli de
pierres, de cailloux, bordant continuellement un
précipice. Le guide passa devant. Un autre monsieur, qui, comme nous, y allait, le suivit à cheval ;
nous en fîmes autant. Quelle occupation pour tout
voir sans accidents ! Au moment où vous voulez
regarder la hauteur des montagnes, voir la neige
dont les sommets sont couverts, admirer toute cette
belle nature, votre cheval, marchant toujours au bord
d'un précipice, ne vous laisse pas un instant de repos ;
il faut le maintenir pour éviter qu'il ne butte sur toutes
les pierres. Cela monte, cela descend ; tout est réuni
pour vous faire casser le cou. Il faut une habitude
bien grande à ces chevaux des Pyrénées pour s'en
tirer aussi bien. Notre guide ayant aperçu un serpent,
nous a fait arrêter un peu et l'a tué devant nous.

Enfin nous sommes arrivés à cette grotte, but de
notre voyage ; ce qui faisait quatre lieues.

Après être restés une grande demi-heure pour
pouvoir nous sécher un peu, ces messieurs, qui avaient
emporté des manteaux, purent pénétrer jusqu'au fond.
Le médecin m'avait défendu d'y entrer par le froid
excessif que l'on y éprouve. J'étais partie avec l'intention d'obéir ; j'avoue que la curiosité et la privation
me firent presque autant de mal ; aussi je crus rem-
plir parfaitement l'ordonnance du médecin en gagnant
d'abord la porte dont l'entrée est sous un immense
rocher. Le froid y est déjà si vif que naturellement
vous vous bouchez la bouche de suite avec la main.
Cependant j'entrai : je vis une large voûte, noire
comme un tunnel, où, à gauche, passe le Gave dont
le bruit, sous cette voûte, glace encore vos sens ; en
face, on aperçoit de gros morceaux de glace suspen-
dus à la voûte. Le guide qui devait conduire ces messieurs alluma des torches, et là je me ressouvins que
j'étais venue aux Eaux-Bonnes pour chercher la santé
et qu'il fallait me contenter de ce que j'avais vu.
Nous sortîmes et nous attendîmes ces messieurs, qui
regrettèrent bien que nous ne fussions pas allés avec
eux jusqu'au bout; ils nous assurèrent que plus loin
il faisait moins froid. Une superbe cascade termine le
fond ; mais il y a beaucoup d'eau : on passe sur
trente-six ponts ; pour une dame, c'est bien se risquer. Cependant il était temps que ces messieurs
n'excitassent pas plus longtemps par leur récit ma

curiosité, car, sans mon mari qui s'y opposa, j'étais
décidée à mettre par-dessus les miens les souliers de
mon guide et à entrer voir la grotte jusqu'au bout.
La raison l'emporta cette fois, et puis nous avions
encore quatre lieues à faire pour rentrer ; nous remontâmes à cheval et nous regrettâmes bien d'avoir
pris d'aussi bons chevaux pour de tels chemins : les
sentiers tournant très-court, il est plus prudent de
prendre des ânes ou de petits chevaux. On ne peut
pas réunir tout ; sur les grandes routes on veut avoir
un beau cheval, il faut alors être prudent dans les
sentiers. Un instant nous avons été obligés de conduire nos chevaux par la bride. Enfin nous sommes
descendus sans accidents et sommes remontés aux
Eaux-Chaudes, pour ne plus nous arrêter jusqu'à
l'hôtel, où nous arrivâmes à cinq heures, après être
partis à onze heures du matin.

Ce fut notre plus belle et dernière ascension. Mon
mari prit froid sans doute à l'entrée de la grotte et
en rapporta un violent mal de tête, qui lui dura plusieurs jours et nous priva de continuer nos promenades, ce que nous regrettâmes, n'ayant plus que fort
peu de temps à rester à Bonne. J'y étais venue dans
l'intention de prendre les eaux ; M. Daralde, médecin
en chef, premier ausculteur de France, trouva que les
Eaux-Bonnes m'étaient nécessaires pour une affection
que j'avais au sommet du poumon droit. Je restai
donc vingt-cinq jours à en boire. Après avoir payé
mon tribut par un dérangement accompagné de vo-

missements, je retrouvai des jambes, l'appétit, la
respiration si facile que je gravissais les montagnes
jusqu'aux sommets sans me sentir à peine essoufflée ;
je ne m'arrêtais, encore en restant debout, que quand
les personnes avec lesquelles j'étais avaient besoin de
s'asseoir. Si cela continue ainsi, j'espère bien que
quand je serai de retour à Paris, je ne serai plus
forcée d'étouffer pour suivre le bitume jusqu'à la barrière de l'Étoile, car je ne pense pas que les montagnes aient été faites pour servir de promenades aux
asthmatiques, et du moment que je puis arriver là,
cela doit me donner beaucoup de confiance pour les
pays plats. M. Daralde, à qui nous avons été faire nos
adieux, m'a auscultée de nouveau et a trouvé que
j'étais à peu près guérie, et que, moyennant quelques
précautions, je n'aurais pas besoin de revenir l'année
prochaine ; il m'a même dit qu'il espérait que les
Eaux-Bonnes auraient pour ma poitrine la même efficacité que celles de Bourbon avaient eue l'autre
année pour ma douleur au pied. Je le remerciai en
m'écriant : Que Dieu veuille que ce soit ! Deux mira-
cles en une année, c'est à regretter que la Bible soit
imprimée, mon nom eût été écrit dedans. Enfin, puisque me voici déjà remise sur un bon *pied*, il faut
espérer que la poitrine suivra son exemple. Dans ces
eaux on ne voit que des malades plus ou moins en
danger ; le plus grand nombre, heureusement, n'ont
qu'une affection dans la *gorge* ou bien au *sommet* du
poumon, ce qui est loin de donner de l'inquiétude.

Quand on parlait à table de ses maux, le village se trouvant bâti dans une gorge, je conseillais à celui qui avait du mal dans la *gorge* d'aller se promener sur le sommet des montagnes, et à ceux qui avaient du mal au *sommet* de descendre de suite au village. Par ce moyen, toutes les promenades seront occupées. Nous, pour ne pas occasionner d'encombrement, nous allons faire de la place à d'autres, en prenant demain la diligence pour Bayonne.

Dès cinq heures du matin, nous partîmes en passant par Laruns, Louvie, Arudy, où nous quittâmes la route de Pau pour prendre celle qui conduit à Oloron, ville assez grande, mais qu'il suffit de traverser en diligence, sans s'y arrêter autrement que pour prendre une tasse de chocolat renommé pour sa qualité.

En continuant notre route, nous sommes passés devant Navarreins, ville fortifiée, et plusieurs autres villes telles que Bidache, où l'on s'arrête pour dîner, et qui ne valent pas la peine d'être citées. La route n'en est pas moins bien entretenue et très-jolie par ses sites à parcourir. Nous voici à Bayonne, ville fortifiée par trois ponts-levis; nous avons fait notre entrée. La ville est assez grande, les maisons belles, et les rues assez larges; le théâtre est entouré de belles galeries. A côté du vieux pont de bois, bâti sur bateaux, on a fait un pont de pierre magnifique, pour la longueur surtout; il traverse l'Adour, rivière très-large au moment de la marée.

Nous n'avons fait que passer à Bayonne pour aller à Biaritz prendre des bains de mer, pour les maux de tête de mon mari : c'est vraiment jouer de malheur, cette fois c'est presque toujours son tour à être indisposé. J'étais venue aux Eaux-Bonnes comme malade, et tout le monde croyait que c'était pour lui. Sitôt que j'eus pris les eaux, je marchais de manière à ce qu'il avait peine à me suivre. Aujourd'hui les eaux me travaillent un peu encore, mais comme ma respiration est toujours excellente, elles ont droit à toute ma reconnaissance, qui, j'espère bien, durera toujours. J'en suis quitte pour me reposer quelques jours, ce qui n'est pas à dédaigner au bout de trois mois de voyage.

Biaritz est un petit endroit bâti sur les bords du golfe de Gascogne. Beaucoup de personnes s'y rendent pour prendre des bains de mer ; les vagues sont très-fortes, et font par instant un bruit qui imite le canon.

Quelques jours après notre arrivée, au moment où l'on y pensait le moins, nous étions à regarder les baigneurs qui étaient en très-grand nombre, quand tout à coup un cri d'alarme fut jeté : une lame d'eau, qu'on appelle *tyran*, emporta cinq personnes dans le courant. Les maîtres-nageurs se jetèrent de suite à la mer, mais les malheureux fuyaient malgré leurs efforts ; enfin on parvint à en sauver seulement trois, une nacelle les reçut et les ramena à bord ; les deux autres périrent, et quelques jours après un de ceux

3

qui avaient été sauvés mourut. Cela jeta parmi les baigneurs un effroi que l'on ne peut rendre : tout le monde revint sur le rivage, effrayé, en pensant, chacun pour son compte, ce qu'il avait risqué. C'est bien beau cette mer à regarder, mais c'est toujours dangereux de s'y baigner.

Biaritz est un endroit que nous ne regrettons pas pour les promenades : vous êtes grillés partout et le soir le vent est un peu trop frais pour pouvoir sortir. La poussière est extrême, les rues sont fort sales, le vent seul se charge de les balayer. On est loin de s'amuser dans ses bains comme à ceux de Bourbon, où l'on se trouve comme en famille. A Biaritz, vous êtes cinquante à table, trop de monde pour pouvoir s'entendre ; nous avions un monsieur à peu de distance de nous, qui se mettait tellement d'odeurs ; que je savais dans l'escalier s'il était descendu. Chacun tâchait de s'en éloigner, mais il n'en était pas moins toujours dans la salle à manger. Quand il tirait son mouchoir pour se moucher, je le savais rien qu'à l'odeur. C'est ce que je disais, pourvu qu'il n'attrape pas encore un rhume de cerveau ! Quand on a des goûts à se renfermer continuellement dans un bocal de parfumerie, on ne devrait pas avoir l'idée de prendre des bains dans l'Océan et de venir asphyxier les autres.

Nous sommes partis de Biaritz bien tristement. Mon mari s'en est rapporté au médecin de l'endroit, qui a voulu faire le contraire de ce que M. Daralde avait ordonné, en lui faisant prendre trois bains de mer chauds. De suite il s'est ressenti de grandes douleurs dans les mollets, qui ont fini par devenir si graves qu'au bout de cinq jours il marchait avec deux cannes, et notez encore que ce sont deux bains de mer froids seulement qui l'ont débarrassé de ses maux de tête. S'il n'eût pas consulté ce médecin, aujourd'hui il se porterait bien ; moi, de mon côté, j'ai attrapé un vent-de-mer, qu'ils appellent, ou plutôt un coup d'air dans l'oreille, qui m'a duré quinze jours ; aussi nous ne pouvons plus entendre parler de Biaritz.

Notre voyage d'Espagne, dont je me faisais une si grande fête, est devenu impossible. Mon mari ne veut même pas aller à Saint-Sébastien, une des villes d'Espagne assez remarquable, et qui n'est qu'à dix-huit lieues de Bayonne. Je conçois, quand on souffre, que l'on n'aime pas à prolonger son voyage à l'étranger, en Espagne surtout où il est plus difficile de se faire comprendre qu'en Italie, étant beaucoup moins fréquentée par les Français. Nous avons dîné bien souvent avec des Espagnols, car l'été ils sont tous dans les Pyrénées, ce n'est donc pas eux que nous regrettons de ne pas connaître mais leurs châteaux.

Nous croyons nous affranchir dans ce voyage de ceux qui vous font des châteaux en Espagne ; mais quoique n'ayant été qu'à cinq lieues de la frontière, nous comptons encore parmi les novices, jusqu'à ce que la chance vienne réparer tout le désordre de notre voyage.

Tant bien que mal, nous avons vu Bayonne. La cathédrale est d'une architecture magnifique, on est en train de la remettre à neuf : l'on y fait une dépense extraordinaire. Elle tient à un ancien cloître dont l'architecture ne le cède en rien à l'église, et que l'on remet également à neuf. Bayonne est une petite ville très-gaie, une musique militaire se fait entendre plusieurs fois par jour ; c'est avec plaisir que nous y sommes restés une seconde fois. Parmi les villes que nous connaissons, Bayonne peut être placée au rang des plus agréables. Au bout de six jours que nous y étions, ne voyant pas de mieux, il a fallu se décider à prendre la diligence pour Bordeaux.

Quelle affreuse route que ces landes à traverser ! une terre sablonneuse à enfoncer à mi-jambe ; on se trouve aveuglé dans les voitures. Nous sommes passés à Dax, ou plutôt dans le faubourg ; les fruits y sont très-beaux et à bon marché ; ensuite à Tartas, ville affreuse, et enfin à Mont-de-Marsan, qu'on ne prendrait jamais pour un chef-lieu si l'on ne connaissait sa carte. Les autres villes jusqu'à Bordeaux ne sont même pas à citer. Pendant soixante lieues, nous nous sommes trouvés dans de méchants bois où poussent une quantité de pins, dont on extrait de la résine.

Nous sommes arrivés dès le matin à Bordeaux, gris de poussière ; nos vêtements avaient tous reçu la même couche de poussière : on eût dit un pensionnat en uniforme. Mon mari, se trouvant bien fatigué, fut obligé de rester couché toute la journée, et commença à avoir de la fièvre.

Cette ville, que nous désirions tant connaître en partant de Paris, et où nous nous étions promis de rester une quinzaine de jours, à peine si nous eûmes le temps de la voir, quoique y ayant séjourné trois jours. Cependant le peu de courses que nous avons fait pour nous occuper des diligences et autres nous donna l'occasion de voir le théâtre qui est magnifique.

Le port de Bordeaux est très-grand, une quantité de vaisseaux marchands, venant de tous pays, encombre la Garonne. Le pont de Bordeaux est un des plus remarquables, il est droit comme un chemin de fer, et il a dix-sept arches ; les trottoirs sont en élévation de plus de huit marches sur la chaussée. L'entrée du pont est une belle grille ; on n'y passe qu'en payant, les voitures bourgeoises donnent 75 c., et les autres plus à proportion du poids. Il a coûté immensément d'argent, et c'est pour cela que l'on paie autant. Ils doivent faire de bonnes recettes à en juger par le temps que je suis restée là. Un arc-de-triomphe appelé Porte-Bourgogne fait face à ce pont. Nous sommes revenus en passant par la Bourse, qui est assez grande.

Bordeaux est une ville bien bâtie ; de belles places, des rues larges et droites, de très-beaux magasins, de vastes cafés. Les voitures de places sont très-élégantes ; des omnibus circulent dans les rues. C'est tout à fait Paris en petit. La ville est gaie et bien peuplée.

On nous avait vanté les hôtels de Bordeaux et leurs excellents dîners, comme quelque chose d'extraordinaire ; les fruits, disait-on, y sont superbes et pour rien. Mais, bien loin d'abuser le monde à ce point, je dirai que le fruit est moins beau qu'à Paris, seulement plus cher, et que nous avons rencontré peu de villes où l'on soit aussi mal pour la table : tout est salé et mauvais; je leur ferais même trop d'honneur si je comparais leurs dîners à ceux que l'on trouve dans les relais de diligences, peut-être servis avec un peu plus de simplicité mais aussi plus confortables, principale chose pour vous maintenir en bonne santé, au milieu de toutes les fatigues que les voyages occasionnent.

Mon mari, voyant que tous les jours il souffrait de plus en plus et qu'incessamment il ne pourrait marcher, ne voulut pas retourner à Paris dans cette position, craignant de passer l'hiver ainsi. Il voulut donc aller à Bourbon-l'Archambaud pour y prendre les eaux, espérant qu'il aurait la même chance que moi, que quelques douches suffiraient pour le remettre sur ses pieds; le tourment était d'y arriver. Prendre le chemin direct en passant par Clermont était impossible, ce n'était que des diligences, il se serait trop fatigué. Nous fûmes donc obligés de faire le grand tour en prenant la diligence jusqu'à Poitiers et ensuite le chemin de fer jusqu'à

Nevers. Après avoir arrêté nos places, ils nous prévinrent que ce n'était pas à leur bureau qu'il fallait venir le lendemain, mais nous rendre au bateau à vapeur. Ils craignaient sans doute que cela nous fît quelque chose puisqu'ils ne nous le dirent qu'après avoir payé les places ; mais, bien loin de là, nous en fûmes contents ; mon mari était toujours mieux pour ses jambes, et c'était dix lieues à diminuer de la diligence.

Nous partîmes donc à sept heures du matin de Bordeaux, sur un très-beau bateau à vapeur. Mon mari s'y trouva très-bien et y déjeuna avec appétit. Nous fûmes bien satisfaits d'être passés de ce côté, cela nous procura la vue des bords de la Garonne, qui est large au moins cinq fois comme la Seine. Les points de vue rivalisent avec ceux de la Loire. Après être restés plusieurs heures sur la Garonne, nous sommes arrivés à la pointe de la Dordogne, pour ensuite entrer dans la Gironde. Cela devient alors immense, les deux autres se jettent dans la Gironde qui est déjà beaucoup plus large que la Garonne ; un peu plus loin que Blaye où nous sommes descendus, elle a trois lieues de large. Nous avons été privés d'en voir l'effet puisque nous étions arrivés à l'endroit où la diligence attend les voyageurs pour Poitiers. Nous sortîmes du bateau à vapeur en traversant un pont de bois assez long, qui sert de ponton au bateau. Au bout d'une petite avenue, nous attendait la diligence.

Blaye est une petite ville très-laide ; nous y restâmes une demi-heure. Nous passâmes ensuite à Mirambeau , à Saint-Genis, villes construites dans le même style que Blaye, bâties sans doute avant que les architectes ne fussent connus, et qui par l'alignement des rues me faisaient l'effet que chaque propriétaire n'a visé qu'à l'exposition de sa maison sans se préoccuper s'il gênait la voie publique. Si jamais l'alignement vient à la mode chez eux, je crains bien qu'ils ne soient tous obligés de déménager.

Nous sommes passés aussi à Pons, petite ville assez jolie, qui est bâtie comme en amphithéâtre ; les rues sont rapides et difficiles à monter.

Puis enfin nous nous sommes arrêtés pour dîner à Saintes, grande ville bâtie sur une hauteur que l'on aperçoit sur la route bien avant d'y arriver. Elle doit être bien peuplée à en juger par la quantité de maisons. Après le dîner nous sommes remontés en voiture pour y passer la nuit.

J'ai vu de nuit Saint-Jean-d'Angely, ville qui m'a paru triste, mal bâtie, et qui a de très-petites rues. Les autres villes , après , ressemblent à des villages. Combien met-on de ces villes sur la carte qui ne peuvent servir que de relais aux voitures.

A sept heures , nous arrivions à Poitiers, grande ville triste , où je ne me plaisais point du tout. Nous y sommes restés deux heures, plutôt pour déjeuner et attendre l'heure du chemin de fer que pour admirer la ville. Nous désirions trop arriver pour rester plus longtemps.

Dans l'après-midi, nous arrivions à Blois, bien fatigués : nous venions de faire 440 kilomètres sans arrêter. Nous y restâmes trois jours, à titre de repos, car nous connaissions Blois.

Nous reprîmes ensuite le chemin de fer jusqu'à Orléans. Là, nous attendîmes que celui de Paris vînt nous prendre pour aller jusqu'à Nevers.

Nous passâmes la nuit en chemin de fer. Heureusement, il y a bien moins de voyageurs la nuit que le jour, et nous pûmes nous mettre à l'aise sur les banquettes. Cela n'était pas de refus : c'était la troisième nuit que nous passions en huit jours.

Sur les quatre heures du matin, nous arrivâmes à Nevers, où nous trouvâmes un bon feu, qui nous fit attendre avec patience l'heure de la diligence qui devait nous conduire à Bourbon.

A sept heures du matin, nous en repartîmes, en regrettant de ne pas avoir le temps de voir la ville, qui paraît très-belle. Les rues par lesquelles a passé la diligence nous ont suffi pour l'apprécier. Les maisons sont bien construites et de même hauteur ; elle doit être commerçante, car les magasins sont nombreux. Peut-être reviendrons-nous par Nevers, et, si mon mari se porte mieux, nous pourrons la visiter.

En sortant de Nevers, nous fîmes, encore 72 kilomètres en diligence. Vers une heure de relevée, nous arrivions à Bourbon. Mon mari ne put même pas descendre de la voiture sans le secours de deux person-

nes ; cette dernière étape avait fini par l'exténuer ; il
n'eut le temps que de monter se coucher et de récla-
mer de suite le médecin. Notre désappointement fut
au comble, quand on nous dit que, depuis huit jours,
il était parti, et que l'on ne donnait plus de bains,
nous qui n'avions d'autre espoir que dans les eaux.
On eut recours, alors, au médecin de l'endroit pour
le consulter relativement aux eaux ; mais, bien loin
d'en prendre, une fièvre intermittente se déclara,
suite toujours de ces malheureux bains chauds qu'il
avait pris à Biaritz, accompagnés d'eau froide qu'on
lui jetait sur la tête. Il y eut consultation, et il fut
très-malade pendant près de trois semaines.

Les bons soins qu'il reçut du médecin, et toutes les
complaisances et les prévenances qu'on lui prodigua
à l'hôtel de France nous empêchèrent de regretter un
seul instant de ne pas être chez nous. Aussi, nous ne
partîmes que quand il fut tout à fait bien. La neige,
qui commençait à tomber, nous fit seule ressouvenir
qu'il était temps de revenir à Paris.

Depuis deux mois que nous étions à Bourbon, nous
nous étions créé des habitudes, une société qu'il fallut quitter, et des larmes de part et d'autres coulè-
rent au moment de monter en diligence.

VOYAGE EN ITALIE.

———•———

Nous passâmes, comme d'habitude, l'hiver à Paris,
et, le 8 juin, nous partîmes de nouveau pour Bourbon, afin de réparer, s'il était possible, le mal que
les bains de mer avaient causé. Nous y restâmes un
grand mois. Mon mari trouvant du mieux, nous commençâmes à nous mettre en route, en passant par
Moulins.

A dix heures du soir, nous remontions en diligence
pour Autun. Nous avons traversé la Loire sur un pont
en fil de fer de la longueur de 300 mètres, appelé le
Pont du Fourneau.

Peu de temps après, nous passions à Bourbon-Lancy. La nuit était obscure ; nous ne pûmes distinguer l'établissement des bains.

Arrivés à sept heures du matin à Autun, nous nous sommes empressés d'aller voir la cathédrale. L'architecture en est très-belle, mais le portail est un peu massif. A côté de l'église est bâtie une petite fontaine qui, quoique bien ancienne, est faite avec beaucoup de goût. Nous sommes allés ensuite voir les ruines du portail Saint-André, qui ont été restaurées, et celles du portail Darroux, qui ressemble un peu à un arc de triomphe surmonté d'une galerie de fenêtres à jour. Aux voûtes principales sont faites, dans la pierre, des rainures dans lesquelles étaient des portes de fer qui descendaient à volonté, ce qui remplaçait un pont-levis. Tout cela date du temps de César, bien avant Jésus-Christ.

Nous sommes allés ensuite au temple de Janus. Pour y arriver, il fallut traverser, faute de pont, un petit courant d'eau. Mon mari me prit sur son dos, et, par ce moyen, nous arrivâmes au temple. Il en reste encore six fenêtres et trois arcades, preuve suffisante pour donner l'idée de la solidité d'un temple bâti depuis près de 4000 ans.

C'est tout ce qu'il y a de remarquable à Autun, car la ville est triste, peu commerçante, mal pavée ; il suffit d'y rester un jour pour en avoir assez ; puisque nous avons même préféré, pour aller à Châlon-sur-Saône, passer par Beaune, qui n'était pas le chemin, que d'attendre au soir pour prendre la route directe ; il est vrai que, par ce moyen, nous avons vu une petite ville de plus.

La diligence nous a descendus au chemin de fer, qui nous a conduits jusqu'à Châlon. Pendant l'espace de 32 kilomètres, vous vous trouvez toujours au milieu de superbes coteaux de vignes, dont la bonne exposition ne laisse aucun doute sur la qualité des vins. Nous sommes descendus, à Châlon, hôtel du Parc, placé sur les bords de la Saône. De nos fenêtres, nous voyions partir et arriver, deux fois par jour, les bateaux à vapeur qui vont à Lyon. Cela attire beaucoup de monde, et Châlon peut être rangé parmi les villes de province les plus gaies. C'est très-bien sous tous les rapports : des allées bien couvertes formant boulevards, des quais superbes avec trottoirs plantés d'arbres à certains endroits. Cela fait le soir une bien jolie promenade éclairée au gaz, et des cafés tout le long.

Le pont a huit pyramides ; les bords de la Saône rivalisent avec ceux de la Loire. Nous les avons, malgré cela, abandonnés pour aller à Besançon, en passant par Dôle, petite ville que nous connaissions.

Au moment où nous faisions notre entrée sur le premier pont-levis de Besançon, on tirait le canon. Ce qui nous a empêchés de croire que c'était pour nous les honneurs, c'est qu'à l'instant l'artillerie est sortie du second pont-levis, et nous a fait ranger de côté jusqu'à ce qu'elle soit toute défilée. Je ne dirai

pas qu'elle nous a fait perdre une demi-heure, puisque c'est toujours agréable de voir la troupe ; mais
elle ne nous a pas moins mis en retard : elle allait à
la manœuvre. Malgré que nous avions passé toute la
nuit, l'idée de nous reposer ne nous vint pas. Sitôt le
déjeuner, nous sommes allés demander à l'état-major
la permission d'aller visiter la citadelle ; nous l'avons
obtenue, et, de suite, nous y sommes montés, en traversant trois ponts-levis. L'on nous a conduits sur les
remparts, dont nous avons fait le tour. Un passage de
la longueur au moins de 20 mètres se trouvait en réparation ; le parapet était tout à fait écroulé, et il fallut passer au bord d'une hauteur de 167 mètres,
n'ayant qu'une rampe de fer de l'autre côté, à barres
très-éloignées, et également au bord de plus de
13 mètres ; et notez que le rempart n'a tout au plus
que 1 mètre 50 centimètres de large.

Vous ne doutez pas que j'ai choisi, pour regarder,
le côté de la rampe. Ce rempart se termine par deux
tours : l'une appelée la tour du Roi, et l'autre la tour
de la Reine.

De là vous voyez venir l'ennemi de tous côtés. Si,
en temps de guerre, vous ne pouvez être *surpris*,
en temps de paix vous l'*êtes bien* par le magnifique
coup d'œil.

Les routes de Suisse, de France, les contours que
fait le Doubs au milieu des vallées en font un tableau
magnifique.

Cette citadelle fut prise par les Espagnols. Louis XIV

étant venu se placer sur une montagne voisine, d'où il pouvait dominer, un capucin renfermé dedans demanda s'il fallait tirer sur le roi ou sur son cheval; d'après la réponse, il tua roide le cheval, malgré la distance. Louis XIV le découvrit et le fit pendre à la même place d'où il avait tiré. Il fit élever une petite guérite sur le rempart, avec une pierre qui le représente avec ses habits sacerdotaux. Louis XIV lui eût pardonné, s'il eût été militaire, pour récompense de son adresse; mais, étant moine, il le fit exécuter de suite.

Une chapelle est bâtie au milieu de la citadelle. Les prisonniers viennent y entendre la messe le dimanche.

En sortant de la citadelle, nous avons visité la cahédrale. Par terre, dans le chœur c'est un marbre formant une mosaïque qui représente les rayons du soleil.

Nous sommes passés, près de là, sous un arc de triomphe fait par les Romains. Ensuite nous avons visité les casernes, qui sont très-vastes et très-belles.

Le lendemain, nous avons vu le fort. Brigille; il faut au moins une heure pour y monter. Le temps commençait à se couvrir, et, malgré que nous pressions le pas, il nous a fallu recevoir une partie de l'averse, d'autant plus que les arbres sont très-rares de ce côté-là. C'était une promenade militaire, et, pour nous consoler, nous nous sommes figuré qu'ayant un parapluie, c'était presque une tente.

Arrivés au fort, nous avons passé sur le pont-le-

vis, et nous nous sommes assis un instant. La pluie
cessa. On nous conduisit tout au bout du fort ; on ou-
vrit une porte, et nous descendîmes dans un souterrain qui renferme onze cachots ayant chacun quatre
meurtrières et un petit carreau au-dessous. C'est par
ces mêmes cachots que l'on tire en cas de guerre,
ce qui s'appelle les casemates. C'est un des plus
beaux forts de France.

Nous avons visité aussi les dortoirs, les réfectoires
et les cuisines ; c'était facile, ils n'étaient point occupés par la troupe. Nous y sommes restés environ une
heure.

Après en être sortis, nous avons pensé abréger
notre chemin en descendant à pic les trois quarts de
la montagne. Mais il faut bien des précautions pour
descendre là. Mon mari m'invitait de temps en temps
à nous asseoir ; mais je préférais marcher, car je craignais toujours de nous asseoir plus que nous l'aurions
voulu ; le pied glisse souvent. Si l'on abandonnait un
tonneau au sommet, il serait bientôt arrivé en bas.

Voici le monde : où est le danger est l'amusement.

Avant de rentrer dans la ville, nous avons traversé
une promenade délicieuse, bien couverte de quinconces ; des bancs placés de tous côtés ; elle borde le
Doubs et le barrage. Nous n'avons pu y rester longtemps, il était l'heure du dîner.

Hors la ville est la Porte-Taillée, ainsi nommée
parce qu'elle a été taillée, par les Romains, dans un
roc épouvantable pour la hauteur, et qui ne laissait

aucun passage, finissant juste dans le Doubs. Depuis, les voitures passent dessous : c'est la route qui conduit en Suisse.

La ville de Besançon mérite des éloges sur tous les points ; les maisons sont toutes en pierres de taille, à trois étages. Beaucoup sont en alignement ; les rues sont très-propres et ont des trottoirs. Le commerce y est animé ; la ville est gaie, bien peuplée ; les habitants portent sur leur figure le nom de leur département. A l'hôtel du Nord, où nous sommes descendus, l'on est parfaitement bien. Le général Tournemine s'y trouvait en même temps, et cela nous a procuré sous nos fenêtres une aubade qui, en *général* et même en *particulier*, plaît toujours. Après être restés plusieurs jours à Besançon, nous sommes partis pour la Suisse.

A cinq heures du matin, nous étions en voiture, sur une de ces routes charmantes qui vous indiquent d'avance la Suisse. Nous sommes passés sous un tunnel. Nous avons aussi traversé la forêt de Fluans, où la montée dure trois quarts d'heure. Cela doit être facile de vous arrêter la nuit dans une montagne aussi longue. Arrivé à Morteau, on donne son passe-port. A compter de ce pays, ce sont des montagnes gigantesques pour la hauteur et toutes couvertes d'arbres qui forment éventail. La route serpente au bas et suit très-longtemps la rivière. A Villers est la douane, mais on n'y ouvre pas les malles en venant de France. On passe de suite sur un pont de fil de fer.

A compter de Villers, la vue n'a plus de bornes. Au milieu d'une vallée immense, entourée de montagnes, vous apercevez au milieu un charmant village, dont toutes les maisons sont neuves et les toitures rouges. Toutes ces maisons blanches et rouges font un effet extraordinaire.

Une heure s'est écoulée dans cette jolie vallée ! Nous avons aperçu la porte Percée, signal qui nous indiqua que nous allions quitter la France. Cette porte a été creusée dans un rocher ; pour passer dessous et à quelques pas plus loin est un tunnel. C'est au milieu de ces deux voûtes que se trouve la séparation de la France avec la Suisse. Au bout d'une demi-heure, vous arrivez au Locle, très-joli village, et ensuite à la Chaux-de-Fonds, qui est encore mieux. C'est là où se fabriquent les montres. Ce village, par ses jolies maisons, ferait honte à certaines villes de France. Nous nous y sommes arrêtés un jour ; malheureusement, il y tombe tant de neige l'hiver qu'ils sont obligés de faire leurs provisions en traîneaux. Nous avons continué notre route pour aller à Berne.

En sortant de la Chaux-de-Fonds, vous montez presque toujours par une route qui borde des précipices épouvantables ; vous arrivez à une espèce de plateau appelé la Vue des Alpes, ainsi nommé parce que de là vous voyez déjà la chaîne. Quand il ne fait pas de brouillard, de ce plateau vous apercevez des montagnes prodigieuses, toutes couvertes d'arbres superbes ; vous vous trouvez entourés de tous côtés

de montagnes, de ravins, de précipices. C'est d'un
effet merveilleux. Nous avons traversé une forêt où,
d'un côté, nous bordions un roc, et de l'autre un précipice à pic. Au bout on aperçoit le lac de Neufchâtel,
et plus loin une vallée tellement grande qu'elle réunit au moins treize communes.

Nous sommes arrivés à Neufchâtel, jolie ville que
nous connaissions et qu'avec plaisir nous avons revue.
La diligence ne repartant que quelques heures après,
cela nous a donné le temps de parcourir toutes les
charmantes promenades, et d'entendre et de voir
cette fois les gardiens de la ville chanter à toutes les
heures : « Dormez en paix, il a frappé dix heures. »
Ils sont vingt-quatre occupés à cela. C'est pour surveiller la ville, dit-on ; mais le moyen ne me paraît
pas bien ingénieux pour attraper les malfaiteurs : c'est
presque pour les avertir de se cacher. C'est un moyen
qui, je crois, serait sans succès à Paris, et qui ne ser-
virait qu'à faciliter les voleurs : ce qui prouve que
chaque pays a ses usages.

A onze heures nous quittions Neuchâtel par le
plus beau clair de lune que l'on puisse voir. Cette
route que nous avions déjà traversée deux ans aupa-
ravant, nous la reconnaissions, comme si c'eût été
le jour. Je disais : Nous allons arriver aux deux ponts
d'Arberg ; ensuite nous aurons telles plaines, puis
une forêt. Je m'amusais presque autant que si c'eût
été le jour, car le soleil souvent fatigue la vue. Mais le
clair de lune calme et vous permet de fixer plus long-

temps. Nous sommes arrivés à Berne à cinq heures du matin, peu fatigués, car l'on est parfaitement bien dans les coupés des voitures suisses.

Notre intention était d'y rester seulement un jour, puisque nous avions déjà vu Berne. Nous n'y étions venus que pour faire viser notre passe-port pour l'Italie, et de plus c'est le chemin pour aller dans l'Oberland, que nous n'avions pas pu parcourir à notre dernier voyage, la saison étant trop avancée. Le récit que l'on en fait partout en Suisse ne peut qu'exciter la curiosité des voyageurs, et cette année j'espère, nous serons assez heureux pour y aller. Cependant, malgré notre désir, nous sommes retenus à Berne depuis cinq jours par le mauvais temps ; il y aurait peu d'agrément à parcourir les glaciers et les montagnes par les brouillards, et nous attendons quelques rayons de soleil. Berne est vraiment inappréciable par toutes ses galeries. Quand on pense que l'on se promène dans toutes les rues sans ouvrir son parapluie ; les rues même les plus obscures ont des auvents qui préservent de la pluie. Aussi tous les hôtels sont pleins quand il fait quelques jours de pluie, car de tous côtés les touristes reviennent et savent que c'est la ville par excellence pour se mettre à couvert tout en restant dehors.

A Berne, comme dans tous les autres cantons, il y a eu progrès ; ils ont changé leur monnaie ; ils comptent comme nous en centimes : les batz et les *cruches* ont été supprimés. Le fait est qu'il s'en trouve

toujours assez dans tous les pays, sans être obligé
d'en faire exprès. Le beau temps, si désiré, est cependant arrivé. Aujourd'hui, à notre réveil, nous avons
vu paraître le soleil, et de suite nous nous sommes
dit, préparons-nous, afin de partir sitôt habillés. Nous
avons arrêté nos places pour quatre heures. Dans
l'intervalle, nous sommes allés nous promener sur
une magnifique terrasse près de l'église. En traversant la place, nous avons entendu les orgues ; nous
n'avons pu passer outre, la porte de l'église était
fermée ; mais, moyennant une légère gratification,
l'entrée nous a été donnée de suite. On jouait l'orage :
c'est d'un beau à vous électriser. Sur la place il faisait un temps magnifique, et dans l'église le tonnerre
grondait, le vent sifflait comme sur mer ; des cantiques dignes d'être chantés dans les cieux apaisaient,
de temps en temps, le bruit du tonnerre. Au bout
d'une demi-heure, nous sommes sortis de l'église, et
malgré l'orage que nous avions entendu, les chemins
n'en étaient pas moins secs. Nous sommes allés faire
le tour de la promenade et revenus ensuite à l'hôtel
pour prendre nos effets et nous rendre à la voiture.

Nous voici donc sur la route de l'Oberland, si vanté
jusqu'à présent par tous les touristes ! Nous n'avons
qu'à nous louer d'y être venus. La route de Thun est
ravissante : des habitations charmantes, de jolis monticules, des pelouses parsemées de fleurs de toutes
couleurs forment des dessins comme si c'était un
tapis ; des montagnes prodigieuses garnies d'arbres

magnifiques qui semblent, par leur hauteur, ne pouvoir servir de promenades qu'aux habitants des cieux.
Le moindre brouillard empêche d'en voir la cime,
tant elles sont hautes. Sur cette même route, il y a
beaucoup de fabriques de poteries. Au bout de trois
heures, nous arrivions à Thun, petite ville assez gaie.
On nous avait indiqué l'hôtel de Belle-Vue, mais sans
d'autres renseignements. Quelle fut notre surprise,
quand nous vîmes le facteur qui portait nos effets
entrer dans un parc : au milieu est l'hôtel. Comme
il ne suffit pas, deux maisons en plus appartenant
toujours au même hôtel sont placées à distance, et
vous allez de l'une à l'autre sans sortir du parc ! De
toutes les allées vous planez sur le lac de Thun ; de
plus, vous avez des montagnes couvertes de verdure,
où de jolis petits chemins ont été pratiqués pour vous
conduire au haut de la montagne. Tout ce terrain appartient à l'établissement.

Le soir, au milieu du parc, dans un petit kiosque,
une dizaine de musiciens exécutent des morceaux de
musique des plus harmonieux. Ils nous ont joué la
Dame blanche, on se croyait à l'Opéra. Assis sur des
bancs dans le parc, la vue fixée sur le lac, tout en res-
pirant le bon air, notre oreille était encore charmée
par le son de la musique. Le soir, nous avons pris le
thé ; nous nous sommes mis au genre anglais, car je
crois que nous étions seuls de Français ; ils n'ont pas
mauvais goût en venant à Thun, surtout dans cet hôtel,
car je ne puis pas dire autrement, mais jamais je n'ai vu

d'hôtel qui puisse lui être comparé : c'est de se figurer une villa de princes, ou plutôt un paradis terrestre.

Dès cinq heures du matin, nous étions levés pour monter au pavillon Saint-Jacques. Afin de distraire leurs voyageurs, ils ont imaginé de faire un petit chemin dans la montagne, en sus de beaucoup de passages très-roides ; j'ai compté cent quatre-vingts marches qui, par leur hauteur, ne peuvent faire moins de trois cent soixante marches ordinaires. Enfin, un peu essoufflés, nous sommes allés nous asseoir au pavillon de l'hôtel appelé Saint-Jacques. Vous pouvez juger de ce que doit être l'établissement. Je vous dirai qu'au milieu de ce même parc ils ont fait bâtir une jolie petite chapelle où l'on dit la messe pour les protestants ; il y a aussi une ferme où nous sommes allés boire du bon lait le matin de notre excursion, et deux heures après nous étions sur le bateau à vapeur de Thun.

Quel joli lac ! Sans vous fatiguer la vue, vous voyez toujours les deux rives, sa plus grande largeur étant d'une lieue. Cela a bien son charme, car l'on aime à être le plus près possible de toutes ces charmantes habitations. A l'entrée du lac et de l'Aar, M. Rougemont, banquier de Paris, a fait bâtir un château magnifique, genre gothique, qui ne peut manquer d'être beau, puisqu'il lui est revenu à un million : on passe tout près. A une demi-heure de distance vous ne voyez plus que de très-petites chaumières appartenant aux bûcherons qui habitent au milieu de ces montagnes sauvages, dont beaucoup sont couvertes de neige. On en remarque une entre autres couverte de glaçons, dont la hauteur est de douze mille six cents pieds : on l'appelle la Montagne de la Vierge. Le lac est très-profond partout, et l'eau est presque toujours resserrée entre des montagnes à pic. Bien avant d'arriver, vous apercevez une haie de petites voitures qui, placées devant la seule auberge qui soit bâtie là, attendent l'arrivée du bateau pour vous conduire à Interlaken. Il faut une demi-heure pour s'y rendre. L'on passe d'abord dans le village d'Interlaken. Les maisons y sont bâties en bois, et après avoir traversé l'Aar et beaucoup d'autres courants d'eau, tous rapides comme si c'était le Rhône, vous arrivez toujours à Interlaken ; mais cela ne ressemble plus au village : ici les maisons sont en pierre, bâties dans le genre suisse, et toutes plus élégantes les unes que les autres ; chacune d'elles est entourée d'un jardin anglais bâti le long d'une route garnie d'arbres que l'on prend même le soin d'arroser, et qui, le soir, sert de promenade, car le jour il y en a tant d'autres dans les montagnes que vous n'avez que l'embarras du choix. Nous avons déjà fait à pied plusieurs excursions, entre autres une dans un bois bien couvert : c'était tellement haut et les sentiers si rapides que j'étais en nage, et cependant il était sept heures et demie du soir. Notre journée était complète, et nous sommes rentrés nous reposer. Le lendemain, à notre réveil, sans sortir du lit, nous apercevions

un champ de blé, la prairie, une maison charmante,
la montagne couverte de verdure, et au-dessus une
autre couverte de neige. Voilà ce qui ne peut pas être
compris par les personnes qui n'ont pas voyagé. Tout
près des glaçons est la verdure : ce mélange tout à la
fois tient du merveilleux : rien ne peut rendre l'effet
de la nature ! Expliquer, écrire, peindre, tout cela ne
peut remplacer le coup d'œil. Combien l'on doit s'estimer heureux quand on peut dire, je crois tout cela,
car je l'ai *vu*. Interlaken peut être comparé à Vichy pour
l'élégance des toilettes et du grand monde qui fréquente
l'Oberland ; mais Vichy ne peut être mis en compa-
raison pour les beautés de la nature.

Il ne suffit pas de venir à Interlaken si l'on veut
connaître l'Oberland, il faut au moins aller voir le
Gièss-Bach. A onze heures du matin, nous avons pris
le bateau à vapeur du lac de Brientz ; à midi un quart,
nous y arrivions. Il avait plu dès le matin et nous
espérions que pendant la traversée le temps se serait
remis ; mais la pluie augmenta, et il fallut se résigner.
Heureusement que nous étions au moins une douzaine. Nous commençâmes à monter par un joli petit
sentier et à une hauteur d'environ neuf cents pieds ;
nous arrivâmes à une petite maison d'où l'on voyait
parfaitement la cascade ; six chutes d'eau tombent
avec impétuosité sur des rochers et forment une pluie
de neige. Après avoir examiné de face la cascade,
nous avons encore traversé deux collines, monté un
petit sentier, et moyennant un pont de bois, nous

nous sommes trouvés au-dessus de la dernière chute. Nous avons encore continué notre sentier, et nous nous sommes trouvés dans une grotte faite par la nature. Nous étions placés tout à fait dessous la troisième chute, qui est la plus forte, et l'eau tombait tellement près de nous, qu'en allongeant la main l'eau serait tombée dedans. Il est vrai qu'ils ont eu la précaution de mettre devant une rampe en bois pour éviter les accidents, car si malheureusement l'on tombait, la rapidité de l'eau vous aurait bientôt entraîné au lac. On ne monte pas plus haut, les chemins devenant alors impraticables ; le reste se voit de loin. Peu de personnes vont même à la grotte ; j'étais seule de dame ; notre guide me conseillait d'arrêter à la seconde cascade, d'autant plus qu'il pleuvait très-fort ; mais je ne pus voir ces messieurs monter sans en faire autant. Deux dames étaient restées au pont, et une autre s'était fait monter sur une chaise à porteur seulement jusqu'à la petite maison, où elle est restée.

A la grotte, nous nous trouvions au moins à 1,800 pieds de haut. Il faut un peu de courage pour arriver là par la pluie ; il est vrai que les messieurs avec lesquels nous étions ne manquaient pas d'égards pour moi : je me trouvais avec un jeune lieutenant d'artillerie qui avait été page de la reine de Piémont, et qui m'offrait son bras dans les passages difficiles. Nous avions tant de plaisir dans tous ces petits sentiers que nous ne pensions plus à la pluie. Jamais nous n'avons vu de cascade aussi belle ; je me disais en regardant : Qu'ai-je donc fait à Dieu pour m'accorder de voir d'aussi belles choses ?

Nous sommes allés nous reposer à la petite maison ; une table bien servie était dressée pour ceux qui ont voulu y déjeuner. Au rez-de-chaussée, il se fabrique de jolies petites maisons en bois et toutes sortes d'objets d'un très-bon goût ; tous ces petits coffres en bois et mille autres choses se font à Brientz. Nous avons vu la ville de loin ; c'est à dix minutes de chemin que finit le lac. Après avoir encore jeté un dernier coup d'œil sur la cascade au travers d'un verre rouge et d'un autre couleur lie de vin, ce qui fait un effet extraordinaire de la voir ainsi, nous nous sommes retirés et nous avons repris notre sentier ; il était temps, car le bateau arrivait à grands pas, et faute de se trouver au passage, on serait obligé de rester là jusqu'au lendemain, car, par le vent qu'il faisait, il eût été dangereux de venir en nacelle.

Le lac de Brientz est un peu moins grand que celui de Thun. Nous n'avons pu juger des points de vue des deux rives, car le brouillard était trop épais. En revenant de la cascade, nous n'avons même pu rester sur le pont ; malgré la tente, le vent fouettait la pluie dessous et nous fûmes obligés de descendre dans la salle à manger. Enfin, nous avions vu la cascade et nous nous estimions heureux.

Nous sommes rentrés à l'hôtel à trois heures et demie, bien mouillés ; nous étions aguerris, et le

lendemain, malgré la pluie, nous prîmes une voiture
pour aller à Lanterbrun. Après avoir fait environ une
demi-lieue dans un petit chemin tracé dans la prairie,
entre, deux haies, nous sommes arrivés au milieu
d'un déluge de montagnes, dont les plus petites n'ont
pas moins de deux mille pieds de haut; ici, ce n'était
plus une haie de charmilles, mais on peut dire une
haie de montagnes. Un petit chemin bien étroit forme
la route, et tout le long jusqu'à Lanterbrun elle est
bordée d'un torrent large et rapide dont les flots,
arrêtés par de grosses pierres que le torrent entraîne,
forment à côté des cavités qui mettent en furie ces
mêmes flots comme si l'on voyait la mer houleuse :
dans certains passages, le bruit en est étourdissant.

Le soleil s'est heureusement levé et nous avons vu
jusqu'à la cime des montagnes. Oh! si je pouvais
trouver des mots pour expliquer ces chefs-d'œuvre,
qui fussent dignes de cette belle nature; faire voir
un aperçu de tous ces petits chalets placés par gradins jusqu'au plus haut sommet des montagnes! oh!
combien alors de personnes quitteraient leur maison
pour visiter l'Oberland !

Nous sommes descendus de voiture, et moyennant
un guide, nous sommes allés tout près du Staubbach,
chute d'eau qui, en tombant à pic d'une hauteur de
929 pieds, fait l'effet de la poussière enlevée par un
grand vent; elle vient encore d'une montagne au-
dessus et de même hauteur.

Nous avons continué notre petit chemin et nous

avons vu d'assez près les glaciers ; ce sont des montagnes couvertes de glaces ; de ces mêmes montagnes,
le torrent est formé par toutes les neiges et glaçons
qui se tournent en eau. Près de ces mêmes glaciers,
un petit paysan a tiré de très-beaux sons d'une espèce
de grand cornet, dont l'écho se répandait dans la
montagne : c'était admirable d'entendre des sons se
répéter d'aussi loin. A chaque caravane qui passe,
il en joue autant.

Après nous être promenés environ une heure à
pied dans toutes les montagnes, nous sommes remontés en voiture pour retourner à Interlaken. Nous
allons demain à regret quitter l'Oberland ; mais nous
avons encore tant de belles choses à voir en Suisse
qu'il faut bien se faire une raison.

Nous sommes partis d'Interlaken environ à dix
heures et demie, dans une petite calèche, pour nous
rendre au bateau à vapeur qui part à onze heures et
demie. De nouveau nous avons traversé le joli lac de
Thun et repris la diligence qui nous a descendus à
Berne vers les cinq heures ; afin de ne pas perdre de
temps, nous sommes repartis de suite pour Zurich.
Dans toute la Suisse, l'on n'a pas besoin de se préoccuper des places ; il suffit de se rendre au bureau une
heure avant le départ pour les forcer à vous en trouver, même quand la diligence est au complet, et voici
comment : pour ne pas laisser les voyageurs dans
l'embarras, ils ont des voitures de supplément, et
suivant la quantité de personnes on prend la voiture ;

seulement ils ont bien soin de mettre les malles sur
la diligence pour éviter des accidents, d'autant plus
que les suppléments doivent bien suivre la diligence ;
mais malgré cela, il y a sur la route bien des détours
qui empêchent que les voitures soient toujours ensemble. Voici justement ce qui nous est arrivé ; la
diligence étant au complet, nous avons été obligés de
prendre le supplément mis pour nous deux seulement ;
l'on nous a fait conduire dans un char où l'on se
trouve assis de côté, et nous avons suivi la diligence
quelquefois à une assez grande distance, quoiqu'en
traversant des montagnes et des forêts. Nous avons
cependant pu prendre place dans la diligence : sur
les deux heures du matin, des voyageurs en étant
descendus, nous les avons remplacés avec plaisir, car
il commençait à pleuvoir à verse et nous eussions été
bien mouillés. Mais puisque tout s'est arrangé ainsi,
nous n'avons qu'à nous en louer ; nous n'avions pas
encore été dans les voitures de supplément, et le nouveau pour le touriste a bien son charme.

La diligence s'est arrêtée une demi-heure à la
ville d'Aarau ; une table était dressée à deux heures
du matin comme si c'eût été le jour ; il est vrai qu'il
se trouve toujours des personnes qui, en voyant une
table garnie, pensent qu'ils ne peuvent faire autrement que de s'y asseoir. Nous sommes remontés en
voiture, et sur les cinq heures du matin nous sommes
arrivés à Bade, jolie ville renommée pour les bains.
Nous espérions avoir un quart d'heure de temps pour

nous y promener ; mais la diligence étant en retard par le mauvais temps, il a fallu, au lieu de cela, monter de suite en chemin de fer pour Zurich. On ne reste qu'une heure pour ce trajet ; nous eussions préféré y passer la nuit : nous n'étions que nous deux dans une espèce de petit boudoir ; quatre canapés, deux petites tables et une glace en forment l'ameublement ; c'est aussi bien organisé qu'en France.

Zurich est une petite ville fort gaie, bien bâtie ; l'eau n'y manque d'aucun côté ; c'est presque comme un petit port de mer. Limmatte qui la traverse est d'une rapidité qui étourdit à regarder ; cette rivière sort du lac de Zurich et va rejoindre la rivière de l'Aar. De l'hôtel où nous sommes descendus, la vue est magnifique ; devant le bureau où j'écris, tout au pied de la maison, la rivière coule ; sur le pont, je vois la diligence passer, et plus loin j'aperçois, à la pointe d'une avenue d'arbres, le bateau à vapeur qui ramène rapidement les heureux voyageurs qui viennent de se promener sur le lac.

Pour le premier jour, nous avons bien marché, quoique ayant passé la nuit en voiture : nous nous sommes promenés d'abord dans la ville, puis sur le bord du lac ; nous sommes allés aussi voir le Jardin des plantes, fait en forme de labyrinthe ; une très-belle terrasse en termine la hauteur ; de là vous voyez non-seulement la ville, mais parfaitement le lac ; en sortant, nous avons aperçu une filature ; il nous a fallu traverser, pour y arriver, un très-long pont de bois. Moyennant d'écrire son nom sur un registre, l'entrée vous en est accordée. La filature est superbe, mais la fabrique de fer, qui appartient au même propriétaire, est encore plus intéressante à voir. Chaque mécanique marche par la force de l'eau ; on voit, à tous les mouvements que font les roues, enlever par un outil tranchant la superficie du fer : l'un creuse, l'autre forme des dents ou polit ; c'est vraiment ingénieux de voir tant de choses marcher ensemble. Toute cette fabrique travaille pour la marine ; il suffit de dire qu'elle occupe 1,200 ouvriers pour la juger. Nous nous sommes retirés après avoir remercié les maîtres de cet établissement. Je crois qu'il est temps de rentrer pour nous reposer.

Le lendemain, nous avons continué à visiter les promenades ; nous sommes allés nous asseoir au milieu d'une petite île située sur le lac : une allée couverte de marronniers en forme le tour ; c'est là où l'on prend le bateau à vapeur. Nous avons admiré le lac non-seulement pour son étendue, mais aussi pour toutes les charmantes villas qui bordent la rive ; nous sommes allés à quelques pas de là et nous avons trouvé une promenade superbe, un jardin anglais des mieux entretenus ; des bancs sont placés devant le lac ; l'eau vient battre à vos pieds ; les nacelles sont toutes disposées pour les personnes qui veulent faire une partie sur l'eau ; mais je préfère, pour mon compte, les bateaux à vapeur ; car nous nous y trou-

vions au moment où le temps se couvrait et le vent
donnait une telle agitation au lac que les flots sautaient
comme sur mer. Malgré la pluie, nous ne nous las-
sions pas d'admirer tous les mariniers qui, les rames
en main, cherchent à combattre un vent contraire ;
ils ne pensent même pas au danger et sont aussi tranquilles là-dessus que nous sur le banc ; ce qui prouve
que tout n'est qu'habitude.

Nous n'avons pas voulu venir à Zurich sans aller
voir la chute du Rhin ; aussi nous sommes-nous levés
dès le matin pour pouvoir revenir coucher à Zurich
le même jour.

La route est presque toujours au milieu d'une
très-belle vallée. En sortant du canton de Zurich,
l'on entre un peu dans celui de Thurgovie, puis
dans le duché de Bade un instant seulement, pour
pouvoir dire : J'ai mis le pied dans l'Allemagne ; et
enfin, au canton de Schaffhausen, nous sommes allés
à l'hôtel Weber, où, devant, est une magnifique terrasse d'où l'on voit très-bien la chute du Rhin. Nous
sommes descendu par un superbe jardin anglais tout
au bas de la chute, et nous avons suivi une petite route
où, moyennant un pont que nous avons traversé,
nous nous sommes trouvés au petit château de Worth.
Bâti dans une île, il est aujourd'hui occupé par un
restaurant. Nous avons préféré déjeuner là pour ne
pas perdre un instant le coup d'œil, d'autant plus que
la diligence devait nous reprendre deux heures après
pour Zurich et que nous avions bien juste le temps

nécessaire pour voir un des plus beaux chefs-d'œuvre de la nature.

Cette chute du Rhin, qui a 300 pieds de large, vient se briser avec fracas sur les rochers qui obstruent son courant; c'est continuellement comme une pluie de neige tant les flots sont agités. Le Rhin se précipite d'une hauteur de 45 pieds pour retomber dans une profondeur de 65 pieds; ce qui fait 110 pieds d'eau, qui, joints à la rapidité du Rhin, en font un passage très-dangereux; il est vrai qu'au-dessus il n'est pas navigable, puisqu'il n'est rempli que de rochers qui barrent le courant; c'est justement ce qui en fait la beauté; l'eau se trouvant arrêtée de tous côtés, elle sort avec impétuosité, formant partout des vagues comme une mer en furie. Il faut y aller pour pouvoir se faire une idée de toutes ces merveilles. La Suisse, vraiment, sera toujours le rendez-vous des touristes, car rien ne peut lui être comparé sous le rapport des beautés de la nature.

Le lac de Zurich, renommé pour être le plus gai de la Suisse, le prouve par la quantité des jolies maisons qui, groupées de tous côtés, semblent vouloir se disputer le rivage; aussi les communications par bateaux à vapeur sont-elles des plus faciles : ils sont sûrs de trouver des passagers, et, comme un omnibus, prennent du monde de tous côtés, même des diligences, ce qui dénote leur solidité.

Il y en avait une dessus le jour où nous avons pris le bateau pour aller à Orgue, charmant endroit, où

un omnibus à quatre chevaux vous attend pour monter par une jolie route sur les montagnes qui côtoient
toujours le lac. Pendant deux grandes heures, nous
n'avons cessé de le voir au travers même des bois.
Nous sommes descendus à Zug, petite ville où tout le
monde a dîné.

Une heure après, nous étions encore en bateau à
vapeur, mais sur le lac de Zug, qui, bordé de montagnes sauvages, de bois épais et inhabités, vous
prépare d'avance au coup d'œil du *Regi*.

A Art, nous sommes montés à cheval, ainsi que
beaucoup d'autres personnes, accompagnés de guides
pour nous conduire. Nous avons d'abord suivi une
petite route peu rapide, où, à droite, se trouvait le
village de *Coldau*, qui fut tout à fait englouti par la
montagne qui le domine et qui s'écroula. Malgré qu'il
y a près de trente-cinq ans que cela eut lieu, on voit
encore très-bien l'endroit où elle se détacha : elle
est restée à pic comme un mur et des pierres énormes
sont éparses dans la vallée ; en face, on a rebâti le
village. Au pied de la route est une petite chapelle.
Vous passez devant et vous montez de suite par un
petit sentier où un seul cheval peut passer ; l'on se
suit l'un après l'autre, comme une véritable caravane.
Après avoir traversé je ne sais combien d'endroits
sans garde-fous au bord de précipices de plus de
1,500 pieds de profondeur, cela est devenu tout à
fait pittoresque : ne sachant comment adoucir la pente
dans beaucoup de passages, ils ont formé de grandes

marches; nous montions à cheval, toujours au bord
de précipices, trois ou quatre étages qui tournaient
en spirales comme un véritable escalier. Il ne faut pas
avoir peur des précipices pour monter là, car il faut
s'occuper encore d'un autre danger, c'est celui de
tenir son cheval à distance, afin que, s'il s'abattait, il
puisse se relever. Il y a même des endroits où les
escaliers sont en grosses pierres; ainsi jugez s'il faut
que les chevaux soient habitués aux montagnes. Tout
le long du sentier, l'on trouve de petits hangars pour
se mettre à couvert avec les chevaux, sans être obligé
de descendre. De distance en distance, on voit une
croix avec un petit tableau suspendu où sont écrites
toutes les stations de Notre Seigneur. C'est comme si
l'on allait en pèlerinage.

Nous étions au moins cinquante pour monter au
Regi, et dans tous les contours on s'apercevait de loin.
Nous passions dans des gorges où jamais le soleil ne
paraît, et tout à coup on se trouvait sur un sommet
où l'on était brûlé par ses rayons.

Après être restés trois heures à cheval, nous sommes arrivés au couvent des capucins, d'où nous avons
continué le sentier à pied. Au bout d'une heure, nous
avons passé devant un premier hôtel, et une heure
après, nous sommes arrivés cependant à notre desti-
nation, hôtel du *Rigi-Koulm*. Après cinq heures de
marche, ce n'était pas volé; aussi étions-nous à la
hauteur de 5,400 pieds. L'on y est bien tranquille;
l'hôtel du *Rigi-Koulm* est seul sur le sommet; une

petite auberge à côté, et votre plus proche voisin ensuite est au moins à une lieue.

Nous pensions, dans un endroit aussi paisible, dormir tout notre comptant ; nous étions assez fatigués pour le désirer ; mais ce que nous ignorions, c'est qu'il y avait tant de monde que quand nous avons demandé une chambre, on nous a répondu que tout était loué, et, comme grâce, l'on nous a mis un matelas par terre, en nous prévenant que cela nous réveillerait peut-être, parce que l'on serait obligé de passer souvent par notre chambre, laquelle communiquait avec celle du maître de l'hôtel. Par le fait, ils ont tenu leurs promesses, car ils n'ont fait que se promener toute la nuit ; à peine s'ils se sont eux-mêmes couchés. Ce qui nous a fait trouver bon notre lit, c'est que d'autres, moins heureux, ont couché sur des chaises, dans la salle à manger. Tout cela n'est rien ; on ne peut jamais payer assez cher la vue du coucher du soleil. Sur le Rigi, il y a une estrade en bois où l'on monte pour se trouver placé encore un étage plus haut ; de là, vous voyez les vallées, les montagnes devenir tristes et silencieuses ; les rayons du soleil n'éclairent plus que le sommet de cette chaîne de montagnes dont beaucoup sont couvertes de glaces ; peu à peu les rayons du soleil diminuent et semblent tous se grouper autour de lui pour en rendre l'effet plus merveilleux ; il devient alors comme une grosse boule de feu et finit par disparaître derrière la montagne. A l'instant même, le froid se fait sentir ; la vue de ces

5

montagnes sauvages vous glace, et vous rentrez avec
plaisir à l'hôtel. Une table de cinquante couverts était
dressée pour le souper, et une autre à côté; cela ressemblait à une noce. L'hôtel, éclairé de tous côtés,
pouvait servir de phare à la montagne.

Sur les dix heures, tout le monde s'est retiré, afin
de pouvoir se reposer un peu ; car, à quatre heures
du matin, un homme vient vous réveiller au son d'un
cornet pour vous avertir du lever du soleil. Nous
étions prévenus de cela, et, pour ne pas manquer,
nous étions habillés à quatre heures précises.

C'est unique de voir tout le monde sortir de l'hôtel. Ils sont plus ou moins habillés chaudement. Les
Anglais et leurs femmes se font toujours remarquer
par leur costume de voyage. Afin de ne pas avoir
d'humidité sur eux, ils ont un pardessus et chapeaux en
toile cirée. Les dames ont également des pelisses en
toile cirée et un autre morceau sur leur chapeau.
Beaucoup de personnes, pour se donner un maintien, ont un grand bâton ferré, dont la seule utilité
est de les embarrasser, n'ayant que quelques pas à
faire ; mais elles se figurent avoir l'air plus coura-
geux.

A quatre heures et demie, le soleil s'est annoncé
par deux grands rayons couleur ponceau, formant
comme une espèce de ruban. Un quart d'heure après,
il a paru une grosse boule entourée d'un arc-en-ciel
qui tournait très-vite et sans s'arrêter; le milieu de
la boule était blanc et formait un vide; puis le milieu

ressortait, et l'arc changeait de couleur : c'était d'un bleu magnifique, ensuite vert clair. Cela a duré encore au moins un quart d'heure ; puis la boule a cessé de tourner, et le soleil est devenu tout doré.

Du moment qu'il a paru avec tous ses rayons, l'on n'a pu continuer à le fixer.

Jamais on ne peut s'imaginer combien c'est beau de voir tous ses changements de couleur et la vivacité avec laquelle il tourne jusqu'à ce qu'il soit arrivé à sa grosseur ordinaire. Nous avons eu bien du bonheur que, ce jour-là, le temps soit beau ; car, quand il pleut, on est obligé, si on veut voir le lever du soleil, de rester jusqu'à ce que le temps soit remis.

Deux jours avant notre arrivée, il y avait eu un orage épouvantable. La nuit, le vent sifflait à renverser la maison ; une dame qui s'y trouvait me disait que personne à l'hôtel ne s'était couché, tant ils avaient eu peur.

Nous avons été favorisés ; un seul jour nous a suffi pour tout voir. Quel beau point de vue ! Le matin, à la fraîche, nous étions au sommet du Rigi, entourés, d'un côté, de montagnes couvertes de glaçons, et, de l'autre, nous planions sur dix-huit lacs presque tous couverts d'un brouillard qui représentait d'en haut les flots de la mer.

A six heures, nous avons quitté l'hôtel pour descendre à pied la montagne. C'est la même route, jusqu'au premier hôtel, par où nous étions passés la veille ; puis, après, l'on prend à droite, et l'on passe devant l'établissement des bains froids. Le chemin, pour descendre de ce côté, est tout aussi difficile ; beaucoup d'endroits sont à pic.

Nous sommes passés sous un grand rocher où à peine si les pierres sont tenues ; elles semblent placées là comme pour vous écraser. Vous n'avez pas le choix pour passer à côté, c'est un seul sentier qui vous conduit jusqu'en bas.

On oublie la fatigue par le plaisir que l'on a dans tous ces sentiers pittoresques.

Après trois heures de marche à toujours descendre, nous sommes arrivés à Weggis, où, au bord du lac de Lucerne, nous nous sommes assis, afin d'attendre le bateau à vapeur, qui nous a conduits à Lucerne.

Après nous être reposés un grand jour de toutes nos fatigues, nous avons parcouru la ville, qui, tout compris, n'est pas jolie ; c'est beaucoup moins gai que Zurich ; cependant la vue du lac est toujours fort agréable.

Le long pont de bois qui traverse la Reuss est vraiment original ; comme tous les ponts de Suisse, il est couvert en tuiles ; la plupart ont même des persiennes ; mais celui-là a, de plus, peut-être deux cents tableaux placés sous la toiture et dans la largeur du pont : ils représentent toutes les guerres de Suisse.

Personne ne vient à Lucerne sans aller voir le lion érigé aux frais de la duchesse d'Angoulême, à la mémoire des Suisses qui ont combattu à Paris le 10 août

1792. Ce lion, d'une énorme grosseur, a été positivement taillé dans le roc, et voici comment le sculp-
teur a commencé par creuser et ôter assez de pierre
pour former autour une espèce de grotte, dont le milieu a été conservé pour faire ce magnifique lion, qui,
comme allégorie, inspire la pitié. Sa tête repose sur
deux écussons. La croix blanche représente la Suisse,
les fleurs de lis la France. Les armes sont à côté.
Percé d'une flèche qu'il reçoit au milieu du ventre, prêt à rendre le dernier soupir, il pense encore
à soutenir la France, dont il retient l'écusson en se
griffant-dessus.

Tout bon Français doit être ému en voyant cette
allégorie, qui dépeint si bien le dévouement que les
Suisses ont eu pour la France. Tout a été calculé pour
rendre l'effet plus lugubre. Hors la ville est ce lion,
dont le pied du roc est baigné par une nappe
d'eau entourée d'une grille rustique. De chaque côté
est un petit monticule planté d'arbres touffus, dont
les branches se reflètent dans l'eau.

Un vieux tambour en uniforme, échappé au massacre de 1792, se promène autour, fier de son courage.
Il prend plaisir à causer avec les étrangers et à leur
raconter tous les dangers qu'il a courus.

Après avoir pris congé de lui, en nous promenant
le long du lac, nous avons aperçu, sur la hauteur,
une jolie petite église, que nous nous sommes empressés d'aller visiter. Nous avons monté beaucoup
de marches, et nous sommes arrivés d'abord dans le

cimetière, entouré d'une galerie couverte, où, tout le long, sur de belles pierres de marbre, sont inscrits les noms des personnes qui reposent dessous. L'église est au milieu; elle est très-belle; plusieurs tableaux sont en relief : celui, entre autres, où la Sainte-Vierge reçoit dans ses bras Notre Seigneur descendu de la croix, est admirable. Les yeux rouges de la Sainte-Vierge attestent la quantité de larmes qu'elle doit avoir versées.

Plusieurs saintes sont agenouillées; la croix, l'échelle, la couronne d'épines, les clous, tout ce qui a servi au supplice de la croix est déposé là. Le sang semble encore couler des plaies de Notre Seigneur. Tout est parfaitement rendu.

Après avoir fait le tour de l'église Saint-Léger, nous sommes allés en visiter une seconde, celle des Capucins. Le maître-hôtel est entouré de belles colonnes en marbre rouge. Des arcades d'un joli style, où, entre chacune d'elles, est une chapelle, longent la nef, dont la coupole est remplie de peintures.

On voit que le canton de Lucerne n'est pas loin de l'Italie, car leurs églises sont beaucoup plus riches que celles de Berne.

Je ne suis plus étonnée qu'il n'y ait pas de promenades dans la ville; les environs sont trop beaux pour que cela soit utile. A dix minutes de chemin, vous vous trouvez sur des routes superbes, ne sachant à laquelle donner la préférence : l'une suit le bord du lac : plusieurs autres, bordées de charmilles, vous conduisent dans des villas magnifiques, dont les fermes et les chalets sont à peu de distance. Tous ces charmants jardins anglais, la plupart n'ont pas de portes ; vous entrez par une allée, vous sortez par une autre, sans que personne n'y trouve à redire.

C'est vraiment délicieux de se trouver sur toutes ces montagnes ; ils ont un goût exquis non-seulement pour leurs maisons, mais encore pour dessiner leurs parcs. Les corbeilles de fleurs, les allées couvertes, les kiosques, tout en fait un séjour délicieux ; ils sont préservés du vent par les montagnes ; devant, ils ont la vue du lac des Quatre-Cantons.

Nous ne pouvions nous rassasier d'admirer ce panorama, mais la nuit nous força de rentrer.

Le lendemain, à la pointe du jour, nous étions levés pour prendre le bateau à vapeur du lac des Quatre-Cantons, le plus beau de toute la Suisse, puisque quatre lacs se trouvent réunis : ceux de Lucerne, d'Unterwalden, de Schwitz et d'Uri.

Le détroit du lac est après Wiggis ; les trois premiers lacs sont larges et bordés d'assez jolies habitations ; mais celui d'Uri devient étroit, des montagnes sauvages, des rochers d'une hauteur prodigieuse lui servent de remparts.

C'est au milieu de cette chaîne de montagnes, au bord du lac, que vous apercevez la chapelle où Guillaume Tell se sauva de la barque dans les montagnes. Quoique né simple paysan, il n'est question que de lui en Suisse, mais surtout dans le canton d'Uri, qui fut le lieu de sa naissance.

Nous avons débarqué à Fluelen. Une petite calèche nous a conduits à Altorf, capitale du canton d'Uri, que l'on prendrait facilement pour un village.

Afin d'occuper notre journée, nous sommes allés à 4 kilomètres plus loin pour voir la maison où est né Guillaume Tell ; il en reste peu de chose, mais, sur le terrain, on avait bâti une jolie petite chapelle, qui vient d'être remise à neuf

Au fond est placé l'autel. Sur les murs est peinte toute l'histoire de Guillaume Tell. On le voit sauter de la nacelle, se refuser à saluer, en passant, la toque du gouverneur, et, plus loin, le tuant d'un coup de flèche ; en un mot tout ce qui se rattache à l'histoire.

Le plafond représente Moïse conduisant les Israélites, et Pharaon engloutis au milieu de la Mer-Rouge. C'est sans doute comme allégorie que ce passage de la Bible a été choisi. Les peintures sont toutes très-bien faites.

C'est dommage que, pour y arriver, le chemin soit aussi mauvais. Près de là, on passe un pont de bois qui traverse un torrent furieux. Nous sommes rentrés à l'hôtel après cette excursion, car, dans des pays aussi sauvages, on ne s'attarde pas. L'hôtel où nous sommes est bâti au pied de montagnes presque à pic qui ont au moins 1,000 mètres de haut ; aussi, en la regardant, je ne pus m'empêcher de dire : « Pourvu

qu'elle n'écroule pas d'ici à demain. » Un seul bloc de
pierre suffirait pour écraser une maison.

Aujourd'hui, nous étions encore levés à bonne
heure pour partir au mont Saint-Gothard, afin d'avoir le
temps de prendre le café avant d'entreprendre une
aussi longue route.

A huit heures, la diligence est arrivée de Lucerne ;
étant au complet, nous sommes montés dans une calèche : trois furent remplies et suivirent la diligence
comme supplément. Pendant à peu près 12 kilomètres, ce fut une route plate au milieu de prairies ; la
montagne commençait à Amsteg ; nous nous sommes
trouvés de suite au bord de précipices dont le ravin
est creusé par la Reuss. Dans plusieurs passages, on
n'en peut voir la profondeur. Des bornes éloignées
sont seules votre sûreté. Les montagnes deviennent
prodigieuses. On passe dans des gorges épouvantables : ce sont les murailles de la nature. Plus loin,
des pierres, amoncelées les unes sur les autres, tombent même quelquefois sur la route. On est obligé, si
les voyageurs ne suffisent pour les pousser dans le
ravin, d'employer alors la poudre.

Ce que jo vous dis là est arrivé trois semaines
avant. Ce sont les eaux qui dégradent les blocs du
roc. Pour point de mire, vous suivez toujours la Reuss,
qui vous procure une infinité de cascades par la rapidité avec laquelle elle descend du mont Saint-Go-
dard, d'où elle prend sa source. On passe sur je ne
puis dire combien de ponts, ils se comptent par dou-

zaines. Le vent commençait à se faire sentir sur le pont de l'ancienne route, c'est un déluge de pierres. Plus loin, une cascade majestueuse passe sous un pont ; c'est là où la diligence de Milan nous a croisés. Ils ont fait les chemins si étroits que, quand on rencontre une autre voiture, l'une est obligée de s'arrêter pour laisser passer l'autre ; le précipice, comme un oiseau de proie, semble toujours prêt à vous attirer dans l'abîme.

Puis, les montagnes deviennent arides, les arbres ont tout à fait disparu, les rocs à pic les ont remplacés. Au milieu la route, à côté le ravin. Nous montons en zig-zag, apercevant d'avance au-dessus de notre tête la route que nous allons suivre. Nous nous sommes trouvés au milieu d'une gorge tellement dangereuse, que l'on a fait une espèce de petit tunnel, afin que, quand il vient des avalanches, l'on puisse se cacher dessous. Beaucoup de personnes, dans cette gorge, avaient été englouties, et c'est pour diminuer les malheurs que cela a été fait.

Après bien d'autres passages toujours dangereux, nous sommes arrivés au pont du Diable ; le nom n'est pas volé, et ce n'est pas moi qui le débaptiserai. Un monsieur qui se trouvait avec nous crut bien faire de m'offrir de descendre au moment de passer dessus. Je n'eus pas l'idée de refuser ; c'est trop de mon goût de voir les choses remarquables pour en laisser échapper une pareille. Mais, sur le pont, le vent était si vif et si violent, que je faillis perdre respira-

tion : je devins pâle comme la mort. Le conducteur me
tenait le bras, tandis que mon mari courait après le
postillon, en criant de toute sa force : « Arrêtez ! »
Mais sa voix se trouvait couverte par le bruit du torrent. Il finit enfin par le rejoindre. Je montai de suite
dans la voiture, et je revins aussitôt en bonne santé.
Enfin j'avais vu quelque chose d'effrayant, et j'étais
encore contente.

Sous le vieux pont, un torrent se précipite avec
fracas et forme une immense cascade. A côté est le
pont neuf, sur lequel j'étais à regarder ; mais le vent,
attiré par l'eau, en fait comme une espèce d'entonnoir,
où l'on ne peut résister.

Aussitôt après, nous sommes passés sous un petit
tunnel, et l'on s'est ensuite arrêté une demi-heure
pour dîner, à Andermatt.

On est vraiment surpris de trouver une bonne table dans des endroits aussi sauvages. A 2 kilomètres
de là, nous sommes passés à Lhospital, et puis, beaucoup plus loin, au mont Saint-Gothard. Combien de
rochers il a fallu couper pour faire cette route ! Je ne
suis pas étonnée qu'elle ait coûté 32 millions.

Sur le plateau, vous passez entre deux lacs ; la
largeur seule de la route les sépare. On relaie les chevaux, un seul hôtel bien triste et un hospice en planches forment tout le village. Le vent sifflait à renverser la voiture.

Le froid est excessif. Nous étions dans des nuages.
C'est d'un sinistre à faire trembler ; la neige est même

prête à tomber, quoique nous ayons eu un très-beau temps toute la journée. Mais la plupart des montagnes sont couvertes de neige, et malgré que nous étions seulement au 24 août; aujourd'hui, cela n'eût pas été extraordinaire.

Oh! quel travail se fait dans votre cerveau, quand, arrivés au sommet du mont Saint-Gothard, vous jetez un regard rapide sur toutes les choses que vous venez de voir! Ces belles montagnes riantes et chargées de verdure transformées tout à coup en déluge de pierres, des rochers à pic, des ravins où l'œil ne peut pénétrer. Tout devient sauvage, sinistre, silencieux : cela vous représente ou le moment de la création, ou la fin du monde. C'est un tableau qui, vu une seule fois, doit toute la vie vous rester dans la mémoire. Non-seulement il est plus haut que le Mont-Cenis, puisqu'il a 7,000 pieds, mais c'est beaucoup plus sinistre et surtout beaucoup plus dangereux. Il faut ne pas craindre le danger pour y monter, mais il faut encore plus de courage pour descendre en voiture.

A quatre heures, nous étions au mont Saint-Gothard, nous avons mis huit heures pour arriver, c'est assez de temps pour juger de la montagne. On ne met que deux chevaux pour descendre, c'est simplement pour retenir, car la voiture descendrait bien seule. On a mis les sabots aux voitures pour arrêter deux roues à chacune, et nous sommes partis au grand trot par une route étroite, bordée de petites bornes servant

plutôt à marquer la route qu'à préserver du danger.
Cette route forme le serpent; j'ai compté trente-six zig-
zags, ou, pour mieux dire, trente-six routes l'une par-
dessus l'autre. Je vous laisse à penser maintenant si
la pente doit être roide, et si ces chevaux-là n'avaient
pas l'habitude d'y passer, combien de personnes se-
raient tuées dans cette descente; aussi étions-nous en
bas au bout de cinq quarts d'heure.

Arrivés à Airolo, petit village situé au milieu d'une
vallée, nous avons couché à l'hôtel de la Poste. Les
chambres sont très-propres et très-bien meublées. En
voyant de loin le village, j'étais effrayée d'y passer la
nuit, mais aussitôt arrivés nous avons été surpris d'y
trouver tout aussi bien. Devant la maison nous voyons
passer des troupeaux de chèvres que l'on conduisait
dans les chalets : c'est champêtre et triste à la fois,
car sitôt le soleil couché le vent siffle à ne pouvoir
rester dehors. Cela ne nous a pas beaucoup privés;
nous étions assez fatigués pour nous coucher de bonne
heure, d'autant plus que nous devions nous lever cette
nuit à deux heures du matin pour aller à Lugano.

A peine le jour paraissait que nous avions déjà fait
une lieue. La route se ressent encore des choses ef-
frayantes du Saint-Gothard; nous sommes passés sous
quatre rochers qui se suivaient à peu de distance l'un
de l'autre; ils ne sont point éclairés, les voleurs y
sont bien placés pour ne pas être vus. En sortant de
là, autre chose nous attendait : nous entrions dans
une gorge de rochers à pic, tournant en forme de ser-

pent. Une route très-étroite au bord d'un précipice épouvantable, où le Tessin se précipite avec fureur, fait toute la séparation. Il y a trois ponts à traverser encore dans les coudes que fait le rocher, ce qui vous laisse le temps de voir le Tessin, formant une cascade magnifique par la rapidité avec laquelle il descend du mont Saint-Gothard, d'où il prend sa source.

C'est beaucoup plus effrayant que les roches de Court sur la route de Bâle. Elles ont en moins de ne pas descendre aussi rapidement, ce qui est toujours à craindre dans des passages aussi difficiles. Au-dessus même de la diligence des pierres sont suspendues comme pour lui servir presque d'auvent. Si ces roches se détachaient, personne n'irait s'en plaindre, car on serait écrasé entièrement. Je ne pense pas que ces mêmes pierres servent à vous mettre à l'abri du soleil, car jamais un seul rayon n'a dû pénétrer dans cette gorge, où nous sommes restés au moins une demi-heure, tout en descendant au galop.

Nous avons fait encore quelques lieues dans des routes peu dangereuses et nous avons passé, à Giornico, petit village, où l'on commence à revoir les terres cultivées et même des treilles en forme de berceau. Nous avons traversé plusieurs autres villages et nous sommes arrivés à Bellinzona, ville sale et laide ; sur les remparts il y a quelques pièces de canon, je ne pense pas que ce soit pour elle, car il faut aimer le bien d'autrui pour chercher à la prendre ; nous n'y sommes restés qu'une demi-heure.

A une lieue de Bellinzona, on prend des chevaux
de conduite pour monter la montagne d'où l'on
aperçoit le lac Majeur. Au bout de sept quarts d'heure,
nous étions au sommet d'un joli bois que la route traverse ; puis nous avons descendu cette montagne toujours dans le bois jusqu'au relais. Ensuite nous sommes
passés dans une route étroite, champêtre, bien couverte, comme si l'on se promenait dans un parc. Jusqu'à Lugano ón ne cesse d'être ravi.

Du haut d'une montagne vous apercevez le lac
et la ville de Lugano, qui paraît assez peuplée à la
juger par ses maisons. Le lac est entouré de belles et
grandes maisons, mais la ville n'est pas belle. Les
rues sont étroites, sales ; presque toutes ont des arcades, mais moins bien qu'à Berne. La vue seule du
lac attire les voyageurs : c'est une ville de passsage
où l'on reste peu.

Demain nous quittons la Suisse pour aller en Italie ;
depuis un mois nous n'avons cessé de parcourir ses
charmants cantons qui semblent s'entendre pour les
merveilles qu'ils renferment. Ils ont tous leur cachet
aussi bien que leur costume différents ; l'un vous attire par ses riantes vallées et ses charmants chalets ; l'autre par ses lacs, ses chutes d'eau, ses glaciers , ses montagnes sauvages d'une incroyable
hauteur à côté de ravins creusés par d'effrayants torrents, et mieux que tout cela pour voir le lever du soleil au Rigi. Heureux celui qui peut le voir par un
beau temps éclairant de ses rayons toute cette belle

chaîne de montagnes ! aussi votre première pensée en regardant est-elle de vous dire : Oh ! oui, il n'y a qu'un Dieu qui puisse faire de pareilles merveilles !

Nous aurons bien employé notre temps en Suisse. Je ne dirai pas que nous avons tout vu, mais peu s'en faut; aussi ne reculions-nous pas devant la fatigue, puisque le jour où nous sommes allés au Riggi, dès le matin, nous étions en bateau à vapeur sur le lac de Zurich, puis en diligence, puis encore sur un autre, celui de Zug, ensuite à cheval trois heures, et enfin deux à pied ; notre journée était bonne, mais le plaisir et le bon air vous donnent des forces. Aussi, charmante Suisse, je ne te dirai jamais adieu, mais au revoir.

A deux heures, nous avons quitté Lugano ; la route est des plus pittoresques, elle est faite en élévation au bord du lac et suit tous les contours des rochers. Nous sommes passés sur un pont bien curieux à voir. Il traverse le lac de Lugano; sa longueur est de huit cents mètres. Voilà comment il a été construit : des pierres ont été amoncelées pour arrêter le courant, l'eau passe seulement à l'entrée par quatre arches, une seule à l'autre bout ; le milieu forme une digue, ce qui le rend très-solide.

La route de l'autre côté est presque aussi jolie ; à Chiasso, on visite les malles et les passe-ports ; c'est l'entrée de la Lombardie, elle est gardée par les Autrichiens.

Toutes les formalités remplies, nous sommes repartis pour Como, joli et grand village, que l'on aper-

çoit du haut de la montagne, et qui mérite le nom de
ville sous tous les rapports. Les maisons sont grandes
et belles, les rues larges, la population nombreuse.

Les bords du lac de Como paraissent animés, et de
longs boulevards prolongent le village; nous l'avons
vu étant en voiture ; nous ne nous sommes arrêtés
que plus loin pour prendre le chemin de fer, qui une
heure et demie après nous a descendus à Milan.

Nous y avons fait notre entrée en passant à la barrière sous une espèce d'arc-de-triomphe. Milan est aussi
vivant que Paris ; les boutiques se disputent le terrain ; le commerce y est considérable. J'ai remarqué
seulement que les magasins de nouveautés étaient très-
petits, j'ai pensé alors que les Milanaises étant coquettes ne voulaient pas porter des dessins de *Milan*.

Peu de rues sont larges à cause de la chaleur, mais
c'est facile d'y marcher. Plusieurs bandes de pierre
forment la chaussée ; elles sont séparées par une largeur égale qui est alors caillloutée; l'avantage qui en
ressort c'est d'abord que le piéton marche sur des
dalles, de plus que les chevaux ne peuvent tomber
sur les cailloux, et les roues étant sur des dalles, les
voitures vont infiniment plus vite, et vous êtes aussi
doucement que dans un chemin de fer.

Notre première sortie a été consacrée à la cathédrale. Bien avant huit heures du matin, nous étions
dans l'église afin de pouvoir monter dans le dôme et
d'éviter la trop grande chaleur.

Conduits par un guide, nous sommes montés d'a-

bord dans un petit escalier où, pour diminuer sans
doute le nombre de marches, elles ont plus que la
hauteur ordinaire, malgré cela il y en a deux cent
douze. En sortant de cet escalier, nous nous sommes
promenés dessus l'église. Dans toute sa longueur, la
toiture est de marbre ; une quantité d'arcades représentant en sculpture toutes les fleurs imaginables forment de loin comme un jardin botanique. Ces mêmes
arcades partant de la nef sont terminées par autant
d'aiguilles, qui, pointues comme des flèches, sont cependant toutes chargées de vingt-sept statuettes. C'est
Napoléon qui, après avoir été sacré roi d'Italie, a
voulu enrichir l'église de ce supplément.

Sur la coupole et en dedans, il y a en tout six mille
six cent seize statues. Nous avons monté encore cent
marches par un escalier droit et à pic pour arriver sur
une autre esplanade ; puis nous sommes montés dans
une jolie tourelle. Le moyeu de l'escalier sert de
rampe, et de l'autre côté c'est une rampe d'un style
des plus gothiques, toute découpée à jour, beaucoup
trop par place, car c'est à vous donner le vertige ; la
largeur de l'escalier n'étant que pour une personne,
cela vous étourdit en tournant aussi court, d'autant plus
qu'il faut monter deux cents marches.

En arrivant à la pointe, je n'eus que le temps de
respirer de l'eau de Cologne, les jambes me manquaient, non par la fatigue, mais je me sentais étourdie à tomber ; ce n'était pas bien étonnant après avoir

monté cinq cent douze marches. On peut par là juger de la hauteur où nous nous trouvions.

Le guide me disait que peu de jours avant une dame avait eu le vertige, et qu'il avait été obligé de la descendre sur son dos. Je n'en fus pas réduite là, mais je fus bien contente quand je me retrouvais sur la première esplanade.

La vue y est assez belle pour découvrir non-seulement toute la ville, mais les montagnes de la Suisse et les Appenins. Du reste, ce n'est pas le point de vue qui vous occupe, il y a tant à admirer sur le dôme que cela suffit. Ce qui n'est croyable qu'en voyant par ses yeux, c'est que tout est en marbre blanc. Les escaliers, les tourelles, les arcades, les aiguilles, les statues, en un mot l'église en dedans comme en dehors n'est qu'en marbre blanc excepté les fondations. C'est un chef-d'œuvre dont M Visconti est le fondateur. A Rome l'on admire Saint-Pierre en dedans, à Milan l'on admire le dehors.

Quoique ne possédant pas toutes les riches mosaïques de Rome, elle a coûté cinq cent vingt-cinq millions. Le tombeau de Charles Borromée est au milieu de l'église dans le genre de celui de saint Pierre à Rome, dans un caveau éclairé; au milieu est placé un autel où l'on dit la messe. Tout est garni en argent ; ce tombeau a coûté quatre millions.

Nous étions vraiment extasiés en sortant de l'église. Tant il est vrai qu'il faut voyager pour voir des choses extraordinaires. Jamais nous n'avions vu d'église aussi belle pour l'architecture.

Le lendemain, nous sommes allés à la place d'Armes, qui est encore plus grande que le Champ-de-Mars ; au milieu est la forteresse ; beaucoup de maisons sont bâties autour de la place ; mais elle est comme abandonnée depuis que les Autrichiens ont détruit les arbres qui en ornaient le tour ; cependant elle est encore fréquentée par les étrangers, qui ne manquent pas d'aller voir l'arc de la Paix, placé à l'entrée de la ville et en face la citadelle. Cet arc de triomphe, fait par Napoléon, tout en marbre blanc, a trois arcades. Sur le dessus est placée une renommée dont le char est attelé de six chevaux. De chaque côté, deux cavaliers tiennent une couronne à la main. Tout est en bronze et parfaitement fait.

Il nous reste encore plusieurs choses à voir à Milan, que nous conservons pour notre retour. Demain nous partons pour Venise, but de notre voyage.

A neuf heures du matin, la diligence nous a conduits au chemin de fer ; pendant le trajet, nous avons aperçu Bergame. Au bout d'une heure, nous sommes remontés en diligence. La route est toujours au milieu de plaines, quoique ombragée par plusieurs rangées d'arbres. Nos montagnes de Suisse ont fait place à un terrain plat, mais heureusement bien cultivé.

On s'est arrêté pour dîner à Brescia, ville assez gentille, où quelques montagnes qui l'entourent vous rappellent encore la Suisse. Sur les deux heures du

matin, nous sommes arrivés à la forteresse de Pes-
chiera, dont on nous a ouvert les portes. Nous avons
passé sur quatre ponts-levis ; les fossés qui l'entourent sont pleins d'eau ; elle est même bâtie devant
le lac de la Garde, un des plus beaux de l'Italie. Nous
l'avions côtoyé bien avant d'arriver à la forteresse.

Sur les quatre heures du matin, nous sommes
descendus à Vérone, très-grande ville traversée par
l'Adige. Nous sommes remontés dans un omnibus qui
nous a conduits au chemin de fer. La gare de Vérone
est très-belle et les wagons sont mieux distribués que
les nôtres ; dans toute la longueur du convoi, les
agents passent d'un wagon dans l'autre sans vous
déranger ; chaque canapé est pour deux personnes
seulement ; les coussins et les dossiers sont en maro-
quin, et tout est bien conditionné. Au nombre des autres
stations sont celles de Montebello, Vicence et Padoue.

Au moment d'arriver à Venise, je fus bien surprise d'apprendre que le chemin de fer passait sur
un pont de la longueur de deux lieues. J'avoue que
j'avais peine à croire une chose aussi extraordinaire ;
j'étais du nombre de beaucoup de personnes qui pensent que Venise est une presqu'île et que, d'un côté,
elle touche par conséquent à la terre ; eh bien ! c'est
une erreur : Venise est une île. Pour y arriver, il faut
traverser deux lieues de mer sur un pont en chemin
de fer ; quand vous êtes au milieu, à peine si vous
distinguez quelque chose. Étant assis dans le wagon,
vous vous croyez en pleine mer ; vous n'apercevez

autour de vous que des bateaux ; cela vous fait un effet que l'on ne peut rendre. Autrefois, il n'y avait pas de pont et l'on y arrivait en gondole. Il a dû coûter énormément d'argent, mais cela doit faire beaucoup de bien à la ville, les communications étant plus faciles.

En descendant du chemin de fer, on visite les effets et passe-ports ; aussitôt les faquins arrivent dans le bureau pour vous demander à porter vos malles, en vous offrant le choix de prendre l'omnibus ou un batelet. Nous étions de suite tombés d'accord pour l'omnibus, d'autant plus qu'il pleuvait à verse. En sortant du bureau, nous nous trouvâmes sur le quai ; le faquin avait déjà mis la malle dans un batelet. Il parlait peu français ; je me tuais de lui dire : Nous voulons l'omnibus, et tout en disant cela, je cherchais des yeux la voiture, qui jamais ne s'y était trouvée. Enfin l'on nous fit comprendre que sur le bateau était écrit : *Omnibus ;* c'est le nom des batelets qui sont couverts. Nous descendîmes alors dedans : ils sont très-propres, entourés de petites banquettes recouvertes en tissu, des carreaux et des persiennes que l'on ouvre à volonté. Nous étions cinq voyageurs dedans et deux gondoliers. L'on est obligé de se faire conduire ainsi pour aller dans Venise ; il y a peu de chose à voir du côté du chemin de fer ; personne n'y demeure.

Nous sommes restés au moins trois quarts d'heure dans la gondole. En passant dans je ne sais combien de rues étroites, nous nous rencontrions à chaque instant avec d'autres ; mais ils ont tellement l'habitude qu'ils ne se heurtent jamais. Nous rasions toutes les entrées des maisons, puisque les perrons sont à fleur d'eau. L'hôtel de l'Europe étant très-éloigné du chemin de fer, nous avons vu presque toute la ville ; étant sur l'eau, près de l'hôtel, nous sommes passés devant de grands palais, et puis enfin nous avons débarqué sur les marches du perron, bien fatigués ; cela faisait vingt-six heures que nous avions quitté Milan ; malgré cela, nous n'avons pu nous décider à nous reposer.

La curiosité l'emporta sur la fatigue. Nous allâmes de suite voir la place Saint-Marc ; c'est absolument l'effet du Palais-Royal, à Paris, sauf que le jardin est remplacé par des dalles. La place est entourée, de trois côtés, par des palais de même hauteur, ayant de belles arcades dont les colonnes sont en marbre blanc ; ainsi que les palais, toutes les arcades sont occupées en partie par des cafés ; le soir, ils mettent des chaises dehors pour les personnes qui viennent entendre le concert militaire.

Devant cette même place est bâtie la basilique de Saint-Marc, riche d'architecture ; le portail a cinq portes de front, qui toutes sont cintrées et dont les voûtes sont en mosaïques ; de belles colonnes en marbre de toutes couleurs, placées l'une près de l'autre, tapissent les murs ; le vestibule qui précède est dans le même style. L'église est tout en marbre d'Orient. Le maître-autel, ainsi que plusieurs cha-

pelles, ont des colonnes en porphyre; par terre la
mosaïque imite des dessins de tapisserie. Une galerie
en marbre rouge, pratiquée près des coupoles, vous
facilite à voir de près toutes les belles mosaïques
faites sur un fond or également en mosaïque, et voici
comment : sur de très-petits morceaux de verre, l'on
a fait une application d'or ; cela devait être bien étin-
celant étant neuf, car nous avons vu une partie net-
toyée et qui brillait comme des diamants. Parmi les
mosaïques, nous avons vu l'entrée de Notre Seigneur
à Jérusalem, le jeune Tobie, et beaucoup d'autres faisant partie de la Bible.

En sortant de cette galerie, nous sommes montés
en dehors de l'église pour voir de près les quatre
chevaux en bronze et or corinthien : ils valent leur
pesant d'or pour l'antiquité et la matière avec laquelle
ils sont faits. Napoléon les avait enlevés de Venise et
placés aux Tuileries, devant la place du Carrousel ;
mais depuis ils ont été rendus à la ville.

Nous sommes allés ensuite visiter le palais ducal,
qui autrefois était habité par les doges. Les escaliers,
les murs, tout est de marbre ; des peintures superbes
ornent les murs et les plafonds. Un immense tableau
représente le Paradis ; d'autres sont les portraits des
doges qui ont régné à Venise, des guerres, des vaisseaux arrêtés sur mer par des pirates, Europe enlevée
par Jupiter sous la forme d'un taureau, enfin une
quantité de peintures faisant partie de la Bible, de
l'histoire et de la mythologie. Plusieurs de ces choses

sont restées intactes, entre autres la salle du sénat, où siégeait le doge. Ce palais, n'étant plus habité, est mal entretenu et réclame beaucoup de réparations.

Sur la place du Palais, il y a deux belles colonnes en marbre de la hauteur de l'obélisque ; sur le fronton de chaque est une allégorie. Le pont Rialto est remarquable sous tous les rapports : il est construit en marbre blanc, ne formant qu'une arcade tellement haute et large que deux rangées de boutiques sont bâties dessus ; devant et derrière ces mêmes boutiques, vous passez en montant une trentaine de larges marches pour arriver au milieu du pont, d'où vous voyez une quantité de nacelles filant rapidement sur l'eau.

Venise est vraiment extraordinaire ; elle ne ressemble à aucune autre ville. Beaucoup de personnes se figurent qu'il faut absolument prendre des nacelles pour passer d'un quartier à l'autre, ce qui deviendrait très-incommode. Voici le désagrément de ne pas voyager ; l'on vous fait accroire tout ce que l'on veut, et nous étions du nombre ; mais à présent que j'y suis allée, je puis en parler sans induire en erreur. Effectivement, Venise est non-seulement dans la mer, mais l'eau se répand dans toutes les rues, et sans pont l'on ne pourrait aller même d'une rue à l'autre ; mais ce que l'on oublie de dire, c'est que les ponts pour faciliter les communications des rues sont au nombre de 750, presque tous en marbre. Avec un moyen semblable, on peut se promener longtemps sans avoir besoin de nacelles ; vous vous en servez cependant

pour aller dans la ville ; si vous ne voulez aller à pied,
elles vous conduisent alors partout comme une voiture ; car à Venise il ne peut y en avoir, les ponts
étant très-élevés pour les gondoles qui passent dessous
et le dessus formant des marches pour moins fatiguer
les piétons. Aussi la ville est-elle tenue beaucoup plus
proprement, n'ayant pas de voitures qui y circulent.
Les rues et les places sont toutes dallées ; ce qui est
excessivement commode et moins fatigant. Le soir,
c'est parfaitement éclairé au gaz ; aussi les quais et
la place Saint-Marc sont-ils encombrés de monde
qui veut respirer l'air frais de la mer.

La ville est très-gaie, très-vivante, bien peuplée ;
on y voit beaucoup de Turcs. Le commerce paraît
animé. Je regretterais bien de ne pas y être venue.
Après Rome, je lui donne la préférence sur toutes
celles que j'ai vues. Pour distractions, vous avez
encore la vue de tous les vaisseaux qui partent ou
arrivent de tous pays. Au bout de la ville, il y a une
jolie promenade ; des allées bien couvertes vous mettent à l'abri du soleil, et la mer qui l'entoure y conserve
une douce fraîcheur. Avec plaisir nous nous y sommes
assis pour admirer le golfe de Venise.

Il y a peu de promenades : Venise étant dans une
île, tout le terrain se trouve occupé par les maisons,
elle ne peut donc s'agrandir d'aucun côté. Ce que je
ne conçois pas, c'est que, n'ayant aucune ferme autour, il y ait une aussi grande quantité de pigeons
répandus dans toute la ville, surtout sur les places ;

ils sont tellement apprivoisés, que quand vous leur jetez un peu de pain, une nuée vous entoure à l'instant ; ils mangent près de vous comme ferait un chien, et quand vous passez près d'eux, ils ne s'envolent même pas ; tout le monde s'en occupe ; ils appartiennent à la ville et choisissent pour colombiers les plus beaux palais.

Nous nous plaisions bien à Venise ; notre intention était d'y rester une quinzaine de jours, quand tout à coup, étant au café, j'entendis prononcer le mot choléra ; quoique les personnes parlassent allemand, je reconnus ce nom effrayant. Aussitôt nous questionnâmes le garçon, qui nous répondit qu'il était à Trieste, mais que c'était peu de chose. Cela nous suffit cependant pour nous décider à arrêter nos places et à faire viser notre passe-port de suite, d'autant plus que Trieste a beaucoup de communications avec Venise, et c'eût été peu raisonnable de se risquer si loin de chez soi. Aussi nous sommes-nous empressés de terminer tout ce que nous avions à faire pour pouvoir partir le lendemain à trois heures du soir.

Il nous restait à voir l'église de Notre-Dame de la Salute. Pour ne pas manquer d'y aller, nous nous sommes levés de très-bonne heure ; nous avons pris une petite gondole (on ne peut y aller sans traverser l'eau), qui nous a descendus sur les marches de l'église. Le portail est à trois façades, entourées de belles colonnes en marbre blanc. L'église est ronde ; la nef du milieu est entourée d'une autre nef soutenue par

de superbes colonnes en marbre blanc. Le maître-
autel, ainsi que les chapelles du tour et les balustrades,
sont également en marbre. Par terre ce sont des mosaïques. C'est vraiment trop beau pour une île qui est
peu habitée.

A trois heures, nous avons jeté un dernier regard
sur la belle place Saint-Marc ; au bout de la galerie,
nous attendait la gondole pour nous mener au chemin
de fer ; celle-ci sert à faire le service de la poste ; elle
est plus grande, plus élégante et conduite par cinq
gondoliers. Heureusement elle a passé par d'autres
rues que celles par lesquelles nous étions venus, et
cela nous a fait connaître un quartier de plus. J'espère, par ce moyen, avoir fait le tour de la ville.

Sitôt au chemin de fer, nous nous sommes encore
retrouvés sur ce magnifique pont. Malgré le vent, je
n'ai pas cessé d'admirer cette longueur dont on ne
voit le bout, et la mer qui, de chaque côté, vient battre au pied. Rien que le pont peut attirer des voyageurs à Venise.

La route jusqu'à Vérone, où finit le chemin de fer,
est fort agréable à parcourir ; les terres sont bien cultivées ; l'eau ne manque pas.

A Vérone, la diligence de la poste était à nous
attendre à la gare du chemin de fer, nous sommes
montés dedans, en suivant la même route que celle
par laquelle nous étions venus. Seulement, en revenant de Venise, elle passe par Bergame, jolie ville
que nous avions aperçue de loin et qui vaut la peine

d'être vue. Nous avons côtoyé le boulevard, passé dans le bas de la ville, qui paraît gai ; mais le plus beau quartier est bâti sur une colline, et la diligence ne passe pas là. Nous nous sommes contentés de regarder de loin.

Nous avons ensuite continué la route jusqu'au chemin de fer ; à cinq heures, nous arrivions à Milan. La nuit, notre diligence a été escortée : il en est ainsi toutes les fois qu'il y a des valeurs appartenant au gouvernement. La route est peu sûre ; plusieurs maisons ont été dévalisées dernièrement ; aussi avions-nous deux conducteurs ce jour-là. En voyage, il faut affronter tous les dangers si l'on veut voir du pays.

Nous sommes restés encore deux jours à Milan pour nous reposer un peu et voir les arènes, qui sont bâties devant la place d'Armes et voici comment : un immense terrain est entouré d'un fossé rempli d'eau ; à l'entour de ce même fossé s'élèvent en amphithéâtre des gradins couverts de gazons ; une jolie allée, couverte de beaux arbres; termine la hauteur, et un mur en dehors pour empêcher l'éboulement des terres. Trente mille personnes peuvent trouver place dans cette arène. Un petit palais, bâti à côté de l'arène, est occupé par les princes ; il s'y donne deux genres de fêtes : tantôt l'arène sert pour la course aux chevaux, et puis, une autre fois, on lâche les écluses, et le milieu se trouvant rempli d'eau, de jolies petites nacelles circulent dedans ; l'on fait alors des joûtes sur l'eau. Le soir, la fête se termine par un feu d'artifice. Je ne doute pas un instant que cela doive être curieux à voir ce jour-là, car l'arène est assez belle pour s'en figurer l'effet.

Aujourd'hui , à cinq heures du matin , nous avons quitté Milan. Jusqu'à Sesto-Calande, la route est magnifique. Nous y avons rencontré un troupeau de moutons ; ils étaient tellement gros , que nous les prenions , à une petite distance , pour des veaux. Nous avons traversé plusieurs villes assez bien.

A Sesto-Calende , frontière de la Lombardie, nous sommes descendus, et, une heure après, nous avons pris le bateau à vapeur du lac Majeur.

Nous nous trouvions alors en Piémont. Que cela m'a semblé bon de revoir la monnaie suisse ! En Lombardie ils ont la monnaie autrichienne , des lyres qui valent 85 centimes à Milan et 87 centimes à Venise. C'est bien le cas de dire : avec de pareilles *lyres*, on ne peut se mettre d'accord. Ceux qui ont inventé plusieurs sortes de monnaies n'avaient sans doute pas le goût des voyages. Je n'y vois pas d'autre utilité que celle d'ennuyer tout le monde.

Oublions donc cela , et revenons aux choses intéressantes.

Le lac Majeur est non-seulement très-grand, mais les points de vue y sont extrêmement variés : une quantité de petites villes sont bâties tout le long, et de plus entourées de belles montagnes dont le terrain est cultivé.

Nous avons passé devant la statue de Charles Borromée, ancien archevêque de Milan, qui, près du lac Majeur, avait fait bâtir un collége. Aussi en reconnaissance, on lui a érigé une statue en bronze placée sur un piédestal ; sa hauteur en tout est de 35 mètres ; on monte dedans par un escalier, et, dans sa tête, quatre personnes peuvent y tenir ; son nez seul est assez grand pour qu'une puisse s'y asseoir. Un très-beau château, appartenant encore à sa famille, est bâti sur le haut d'une colline, en face de la statue ; mais, de l'autre côté du lac, beaucoup plus loin, nous avons côtoyé trois îles habitées, entre autres celle Borromée, si renommée ; le château en est magnifique.

Nous pensions, en partant, descendre du bateau à vapeur à Baveno, d'autant plus que nous avions payé jusque-là. Mais nous fûmes tout étonnés que le capitaine nous conduisit plus loin, et, arrivés à cette station, il nous fallut descendre dans un batelet chargé de faire le service du bateau. A Baveno, le lac fait un coude, et, comme ils ont trouvé qu'il n'y avait point assez de voyageurs pour se détourner du chemin direct, alors ils y ont suppléé moyennant un batelet faisant la traversée, qui, du reste, est assez longue, puisque, tout en ayant deux bons rameurs, il nous a fallu une petite heure, ce qui prouve combien est large le lac Majeur.

Nous sommes passés tout près des îles ; mais il était trop tard pour pouvoir nous y arrêter. Nous avions besoin, avant tout, de dîner.

La petite ville de Baveno, réunissant à peu prés une trentaine de maisons, est bâtie tout au bord du lac ; la route seule l'en sépare ; elle est préservée du vent par de hautes montagnes. Nous sommes allés visiter l'église. Devant la place il y a une assez belle galerie qui paraît nouvellement bâtie ; entre chaque arcade est faite, en peinture, sur le mur, la passion de Notre Seigneur, depuis le moment où Judas le trahit jusqu'au jour où il sortit du tombeau. Tout est parfaitement rendu.

En sortant de l'église, nous sommes allés nous promener sur la route pour admirer de plus près les îles Borromées. A la tombée du jour, nous sommes rentrés à l'hôtel ; nous y rencontrâmes des Anglais avec lesquels nous avions fait route, un mois avant, en allant à la chute du Rhin. Nous nous sommes raconté mutuellement les excursions que nous avions faites, et nous avons ainsi passé la soirée.

Le lendemain, à deux heures, nous avons pris la diligence de la poste pour Domo-d'Ossola. La route serait bonne et agréable à parcourir, sans l'inconvénient de deux bacs que l'on traverse, et dans lesquels la voiture est obligée de se mettre. Voici comment ils s'arrangent :

Les voyageurs ne descendent même pas ; les chevaux restent attelés ; ils passent sur le ponton, et se trouvent ainsi embarqués dans le bateau. Afin d'empêcher que le courant n'entraîne le bac, et, de plus, ne faire juste que la traversée de l'eau, ils ont pour cela un moulinet ; un énorme câble passe dans une poulie, et, avec ce moyen, quelques minutes suffisent pour se trouver en face de l'autre ponton.

A quelques lieues plus loin, même cérémonie.

Cela ne me paraîtrait cependant pas trop inutile de faire des ponts sur des rivières qui servent de passage à la grande route.

Je juge par là que le Piémontais n'a pas le goût vénitien, il ne veut pas décidément passer pour jeter son argent dans l'*eau* ; cependant il en a eu l'idée, puisqu'à côté du passage du premier bac, les deux bouts d'un pont ont été faits, et, à l'autre bac, le pont s'est écroulé de vieillesse : c'est peut-être la raison qui les empêche de continuer le neuf. Et puis voilà ce qu'ils se disent : le touriste aime le nouveau, eh bien! il aura de quoi choisir.

A Domo-d'Ossola, on change de voiture; mais le grand inconvénient est d'être obligé d'attendre que la diligence suisse soit arrivée ; comme, dans la saison d'hiver, on ne peut manquer d'être en retard, afin, sans doute de ne pas changer d'heure, ils ont fixé le départ à trois heures du matin, malgré que la voiture suisse soit arrivée à dix heures.

Il nous a fallu rester pendant sept heures dans cette ville. Elle est assez grande, et nous nous sommes promenés une partie de la soirée. Après avoir soupé, nous nous sommes reposés sur le canapé : se coucher, pour si peu de temps, c'eût été presqu'aussi fatigant.

A trois heures du matin, nous montions dans la diligence ; heureusement qu'en Suisse elles sont infiniment meilleures, et, comme l'on dit quelquefois, nous n'avons pas perdu pour attendre. A environ 4 kilomètres de là, nous avons été obligés de descendre, la route était trop mauvaise, et la diligence eût pu verser facilement ! Les eaux entraînent beaucoup de pierres, et par moments c'est très-dangereux.

Le conducteur nous a fait passer sur je ne sais combien de courants d'eau, où de mauvaises planches, jetées en travers, servent de ponts ; il nous a fallu marcher sur ces planches, et au milieu d'une quantité de grosses pierres, pendant au moins un quart d'heure.

Nous étions huit personnes, éclairées par une seule lanterne, qui s'est encore éteinte à moitié chemin. La nuit était très-obscure ; mais, moyennant le conducteur et la lanterne de la diligence, qui, de loin, nous servait de phare, nous sommes arrivés sains et saufs ; il n'en était pas de même du postillon qui se tourmentait de voir sa voiture embourbée, ne pouvant se débarrasser sans notre secours ; les chevaux étaient bons, mais, en tirant, la voiture était tellement de côté, qu'elle eût versé. Le conducteur a passé aussitôt une grosse corde au milieu de l'intérieur, et, par-dessus la diligence, chacun l'a maintenu selon sa force, et les chevaux ont de suite enlevé la voiture. Ce petit accident nous a prouvé que nous avions bien fait de ne pas rester dedans.

Aussitôt après nous avons repris nos places, et nous avons continué notre route.

C'est à peu près là que commence la montée du Simplon. Nous sommes passés ensuite sous un roc; la route est assez mauvaise. En ce moment, on est en train de l'exhausser, afin d'éviter que le torrent ne déborde dessus.

Vous passez tout le long de la route à côté de pierres énormes qui se sont détachées des montagnes. La diligence rase continuellement des rocs dont les pierres, fendues, semblent n'avoir été posées que pour ne pas rester. A mesure que nous avancions, je me disais : «Encore une qui n'est pas tombée sur nous.»

C'est le genre de route du Saint-Gothard. Nous sommes passés sous une espèce de petite arcade taillée dans le roc, qui m'a paru peu solide, et nous sommes arrivés à Isella, dernière ville du Piémont. A peu de distance, nous entrions en Suisse.

Parmi la quantité de cascades que l'on rencontre en chemin, nous en avons vu une dont l'eau, en tombant, forme positivement de très-beaux volants de dentelle.

Plus loin, nous sommes passés sur un pont qui ressemble presque à celui du Diable. Aussi me suis-je contentée, cette fois, de regarder sans descendre. A la suite du pont, on entre dans un souterrain qu'on appelle galerie, sans doute pour l'égayer.

Nous avons continué à monter, mais alors beaucoup

plus roide, toujours au bord de précipices. Cela, c'est une chose convenue tout le long de la montagne. Puis nous sommes passés sous un autre roc. Au bout d'une heure de montée, nous nous retrouvions encore en face. Le long de la route, on voit beaucoup de maisons où, au-dessus de la porte, est écrit sur du marbre : «REFUGE. »

Enfin, sur les onze heures, nous sommes arrivés au Simplon : cela faisait huit heures que nous montions ; malgré qu'il n'y fasse pas chaud, le vent est bien moins fort qu'au Saint-Gothard. L'on s'y arrête pour déjeuner ; on nous a servi un café complet sur un plateau, comme on le ferait au Palais-Royal ; la seule différence que j'y ai trouvée est que le lait est infiniment meilleur qu'à Paris.

Toutes les chaises de poste s'arrêtent là ; ils ont l'habitude de recevoir de riches voyageurs ; le fait est qu'on y est très-bien ; je ne sais comment ils peuvent se procurer tout cela au milieu de montagnes si arides. Nous voyions la neige sur le sommet si près de nous, qu'il nous semblait pouvoir y atteindre en peu d'instants.

Chacun a pris place dans la diligence. La montée a presque toujours continué jusqu'à l'hospice du Simplon, très-belle maison à plusieurs étages, bâtie par un décret de Napoléon ; elle est occupée par des moines qui reçoivent les voyageurs qui veulent s'y arrêter. Le conducteur nous a demandé si cela nous était agréable de visiter le couvent ; la réponse a été una-

nime. Un domestique, voyant que la diligence s'arrêtait, est venu au-devant de nous, secondé par un magnifique chien que tout le monde a caressé. Sur le
haut du perron nous attendait un moine, prêt à nous
faire les honneurs de son couvent. Il nous a d'abord
fait voir le réfectoire des voyageurs ; puis, de chaque
côté d'un immense corridor, sont les chambres à coucher des voyageurs ; elles sont bien meublées et surtout très-propres.

Nous sommes descendus, et on nous a conduits à la
chapelle ; elle est ornée de très-beaux tableaux ; d'un
côté de l'autel est celui de saint Nicolas, et, de l'autre, celui de saint Augustin, fondateur de l'ordre du
couvent. La chapelle est très-jolie et fort bien tenue.
Le temps nous manquait pour en voir davantage,
d'autant plus que, si nous n'eussions pas eu un conducteur aussi complaisant, nous n'eussions pu nous y
arrêter.

Nous avons donc pris congé de ces messieurs, en
les remerciant de tout le dérangement que nous
leur avions causé. Ils ont eu l'amabilité de nous ac-
compagner jusqu'à la voiture. A peu de distance, on
a dételé les chevaux pour n'en plus laisser que deux.
Nous commencions à descendre la montagne ; nous
sommes passés d'abord sous une espèce de long tunnel
à arcades, et faisant plusieurs coudes ; plus loin, un
autre, où, dedans, on voit une cascade qui passe dessus ; toutes ces voûtes sont tellement humides, que
l'eau tombe dedans comme s'il pleuvait.

- 7

Nous en avons encore traversé un troisième ; c'est absolument comme des souterrains.

Enfin, nous sommes passés sous un roc ; c'était le dernier. Tous ces tunnels bordent des précipices épouvantables ; il n'y aurait pas possibilité de passer autour ; ce sont des routes, qui doivent coûter énormément d'argent.

L'on s'est arrêté à Brig pour dîner ; c'est là où finit la montagne ; la route alors se trouve au milieu d'une belle vallée, que j'ai cessé d'admirer du moment où le jour a disparu.

A dix heures du soir, nous sommes arrivés à Sion, capitale du Valais, qui ne m'a pas fait l'effet d'être belle. Nous sommes passés, encore de nuit, dans beaucoup d'autres, qui, je pense, à les juger par leur capitale, réclament beaucoup d'indulgence.

A la pointe du jour, nous avons traversé la ville de Laigle, et puis ensuite Villeneuve, où se termine le lac de Genève. Nous l'avons alors toujours côtoyé par une route charmante. Nous sommes passés devant Chillon, château que nous avions visité trois ans avant, et dont le souvenir est resté.

Plus loin, nous arrivions enfin à Vevay, où nous allons reprendre haleine.

Ce n'est pas une petite fatigue que de traverser les Alpes ! Sur quatre nuits, nous nous serons reposés une. Je ne me croyais pas aussi forte. Décidément les voyages remettent la santé.

Nous nous sommes estimés bien heureux d'être arrivés à Vevay. Le soir même, la pluie a commencé à tomber à torrents ; cela a duré ainsi pendant cinq jours.

Le 15, nous sommes passés sur un pont, près Martigny, qui, le 16, a été entraîné par les eaux. La diligence de Milan a été trois jours et demi en retard. Encore les voyageurs sont-ils obligés de passer sur des planches jusqu'à ce que l'on fasse un pont provisoire. La diligence s'arrête là, et une autre vous reprend de l'autre côté du pont. Beaucoup de cantons ont souffert, plusieurs villages se sont trouvés sous l'eau. Sur quelques routes, les communications étaient devenues impossibles ; les prairies se changeaient en lacs, et, sur le journal suisse, l'on n'y lisait que des sinistres.

Environnés de tant de malheurs, nous n'en appréciions que mieux le bonheur d'être arrivés assez à temps pour éviter de rester en route. Vevay, protégée par le lac, ne s'est point aperçue de toutes ces inondations.

Sitôt que la pluie a cessé, le soleil, en peu d'instants, a séché tous ces charmants sentiers. Avec quel plaisir les avons-nous revus ! Tous les jours nous allions à la découverte d'un nouveau chemin ; tous avaient un cachet différent. Tantôt nous nous trouvions au haut d'une montagne, d'autres fois le sentier suivait un courant d'eau rapide qui, par place, formait cascade ; plus loin, nous descendions respirer le frais dans des gorges abritées par des bois.

Que tout cela est joli et champêtre ! Toutes ces belles

montagnes, couvertes de verdure, vous réjouissent le cœur. Les figures les plus sérieuses doivent laisser échapper un sourire en voyant une aussi belle nature.

Le bon air que vous respirez augmente vos forces, et vous êtes tout étonnés de ne pas être fatigué à la suite de longues promenades.

C'est la seconde fois que nous venons à Vevay. J'ai déjà donné par écrit la description de toutes ses charmantes habitations. Je me contenterai donc de dire que le séjour en est agréable, puisque nous y avons passé quinze jours.

Demain, nous allons à Genève.

A deux heures, nous nous sommes embarqués une vingtaine de personnes dans un canot, comme cela se fait d'habitude, pour aller à la rencontre du bateau à vapeur.

Depuis plusieurs jours, le lac était très-agité par la bise qu'il y avait à Genève. La veille, les mariniers n'avaient même pu conduire les voyageurs, c'eût été trop s'exposer. Le jour de notre départ, vers midi, le vent paraissait apaisé, et nous espérions avoir un beau temps. Nous ne fûmes pas plus tôt sur le lac que les vagues ressemblaient à celles de la mer ; notre canot, par le mouvement que lui faisaient faire les flots, devenait une véritable balançoire ; chacun avait peine à se maintenir à sa place.

Prêts à aborder au bateau à vapeur, le danger devint plus grand ; les mariniers, peu maîtres de leur canot, éprouvèrent un petit choc qui nous fit perdre l'équilibre, une lame d'eau entra dedans, et la frayeur devint générale ; les mariniers eux-même eurent peur et s'écrièrent d'une voix effrayée :

« Mais dépêchez-vous donc de monter ! »

Effectivement ils avaient toutes les peines du monde à retenir leur canot. Un seul mouvement du bateau à vapeur pouvait nous faire couler à fond. Pendant à peu près deux heures, nous eûmes presque le mal de mer ; nous regardions d'un œil indifférent toutes les belles villas qui bordent le lac : en fait de point de vue, nous n'en demandions qu'un seul, c'était le ponton de Genève.

Vers sept heures, nous aperçûmes la ville parfaitement éclairée, dont les becs de gaz, reflétant sur le lac, en augmentaient le nombre. Nous débarquâmes enfin sur ce ponton si désiré, nous promettant bien à l'avenir de ne pas aller à Genève au moment de la bise.

Genève s'embellit et s'agrandit de tous côtés ; les barrières ont été reculées et remplacées par de belles maisons. Cela va devenir un petit Paris, qui pour faubourgs vous offre des promenades magnifiques. Les routes étroites, garnies de double haie de charmilles, où tout le long sont des villas de grands seigneurs, en font vraiment un endroit enchanteur.

Avec plaisir, nous avons revu Colony ; cette fois nous sommes montés dans la tour Tronchin où le jour ne pénètre qu'au travers de vitraux de couleur : plusieurs armures et faisceaux d'armes sont placés au bas de l'escalier. Après avoir monté une centaine de marches environ, nous sommes arrivés sur la galerie.

Un échantillon de toutes les beautés de la nature semblent s'être groupé autour. Des prairies verdoyantes, des coteaux de vignes, de charmantes habitations bordent le lac de Genève; de petites nacelles, que votre œil distingue à peine par l'éloignement, et toute la chaîne des montagnes du Jura. En vous retournant, vous avez changé de saison, vous apercevez les montagnes de Savoie couvertes de neige, de glace, et enfin le Mont-Blanc qui attire tant de voyageurs. De là vous le voyez parfaitement, mais il faut que le ciel soit sans nuages pour ne rien perdre de sa hauteur.

Après avoir admiré ces chefs-d'œuvre de la nature, nous sommes descendus de la tour, et sommes retournés à Genève. Les promenades sont tellement variées que nous en découvrons toujours de nouvelles, qui depuis trois semaines nous font passer des journées fort agréables ; aussi est-ce à regret que le touriste voit l'hiver enlever ses beaux jours : il faut cependant se résigner et, comme les autres, nous allons quitter la Suisse pour rentrer en France.

Le 23 octobre, nous sommes partis de Genève. Au bout de quelques heures, nous avions franchi la frontière au fort de l'Ecluse. La diligence passe dedans, cela vous permet de voir l'entrée de l'escalier qui a onze cents marches. Il est pratiqué dans le roc et vous conduit au bastion et à la caserne taillés dans le rocher ; au-dessus est le troisième fort ; malheureusement la diligence ne s'arrête pas, car c'est avec plaisir que nous y fussions montés; cela nous eût rappelé pour la hauteur l'église Saint-Pierre de Rome. Le Rhône qui passe au pied fait seul la séparation de la France et des montagnes de la Savoie. C'est à peu près là où l'on commence à border les précipices. On arrête à Bellegarde pour visiter les malles. La route est assez pittoresque : vous suivez d'un côté la chaîne des montagnes de l'Ain, de l'autre celles de la Savoie.

Nous avons côtoyé un lac qui, quoique étroit, a beaucoup d'étendue, et à peu de distance celui de Nantua, beaucoup plus beau. Nous sommes passés dans la ville qui ne peut être citée, mais plutôt la montagne Cerdon, route étroite serpentant au bord d'un précipice, très-dangereuse à descendre; mais quand on a vu la Suisse, il ne vous est plus permis d'avoir peur.

Au village de Cerdon, on a relayé; nous avons traversé plusieurs petites villes, telles que Neuville et autres, et nous sommes arrivés à Bourg, capitale du département.

Sans être une belle ville, on pourrait compter Bourg parmi les moins mal. Après avoir dîné, nous sommes remontés en diligence pour y passer la nuit, nous avons été favorisés par un très-beau clair de lune ; à Châlon, nous avons pris le chemin de fer jusqu'à Dijon, où nous comptions rester plusieurs jours ; mais le temps est devenu pluvieux, et comme nous connaissons la ville, nous partirons demain.

Vers les onze heures, nous étions en chemin de fer;

regrettant d'aller aussi vite, en passant devant tous les beaux coteaux de vignes, mais non en passant sous les montagnes, car il ne manque pas de tunnels dans la Bourgogne; nous avons mis huit minutes pour traverser celui de Blaizy. La route de ce côté est aussi pittoresque, comme celle que prenait autrefois la diligence; seulement, en place de monter sur les montagnes, vous passez dessous.

Nous sommes arrivés à Fontainebleau, à sept heures, espérant encore arracher quelques beaux jours à l'automne. Depuis quinze jours, nous y sommes; l'almanach seul nous indique la saison, mais la température et le soleil nous donnent presque l'idée que le printemps commence; aussi sans nous préoccuper combien de temps cela durera, nous allons tous les jours faire des parties de forêt soit à pied ou en voiture.

Ce que nous avons vu de plus sauvage cette fois dans la forêt est la caverne de voleurs. Nous sommes descendus de voiture. Par un petit sentier pratiqué au milieu de pierres énormes, nous sommes montés arrivés à la plate-forme, nous avons vu une petite cabane, où couche l'été un homme qui vous conduit avec une lumière dans un souterrain, où les voleurs se cachaient autrefois. Faute de guide, nous n'avons pu la voir, mais rien que le sentier au milieu d'un déluge de pierres ne vous indique pas la demeure de gens qui tiennent à la vie, et comme nous n'en faison pas partie, nous avons repris un autre sentier qui nou a conduits à notre voiture.

De là, nous sommes allés visiter la fontaine Sangui-
nide, qui n'a de remarquable que de faciliter les
loueurs de voiture à vous promener le plus longtemps
possible. Du reste, tout en vous occupant l'esprit des
noms de choses qu'ils vont vous faire voir, vous
n'en jouissez pas moins tout le temps du coup d'œil
de la forêt, et du bon air que vous respirez.

Pendant notre séjour à Fontainebleau, il y a eu plusieurs chasses auxquelles les ministres ont assisté. Dès
le matin, nous étions dans la cour pour voir sortir des
écuries tous ces beaux chevaux de selle que les domestiques promènent avant de partir afin de calmer
un peu leur ardeur. Nous avons demandé à voir la
meute de chiens; le domestique nous a conduits à leur
écurie, en nous remettant à chacun une cravache afin
qu'en entrant nous puissions nous garer de leurs ca-
resses, qui tous, en voulant nous les prodiguer ensemble, n'eussent pas manqué de nous jeter par terre, ils
étaient au nombre de quatre vingt-seize, tous blancs
mouchetés de couleur feu. Ils ne sont point attachés
dans l'écurie, ils couchent sur une bonne litière et ont
un clos pour eux où ils se promènent à heure fixe.
Trois valets en habits galonnés, culotte courte, chapeau à cornes, le cor de chasse sur l'épaule et le fouet
en main, sont venus les chercher. Après les avoir
acouplés deux ou trois ensemble, on les a fait sortir,
puis un des valets, la liste en main, a fait l'appel de
chaque nom. Cela fait, ils sont partis faisant entendre
par leurs aboiements la joie qu'ils ressentaient d'aller

chasser. Nous n'avons pu les suivre qu'à une très-petite distance ; d'autant plus que nous avions besoin de rentrer pour déjeuner.

Le lendemain, nous avons fait une longue promenade dans la forêt avec des messieurs de l'hôtel. Ils connaissaient parfaitement la forêt, et nous ont conduits par de petits sentiers sur des rochers que nous n'eussions certainement pas vus sans eux, appelés le Rocher d'Avon. Avant d'en connaître le nom, je leur disais :

« Je ne pense pas que cela puisse s'appeler le Rocher des grands hommes ! »

Car pour continuer notre route, nous sommes passés presqu'à quatre pattes sous ce rocher, formé par la réunion de plusieurs pierres énormes, amoncelées l'une par-dessus l'autre, et qui ouvrent un passage où les chiens seuls ont le droit de lever la tête ; mais pour tout voir, il faut *plier* dans certains moments pour *s'élever* dans d'autres : ce qui nous est arrivé plus loin, puisqu'étant sur la hauteur nous *dominions* tout Fontainebleau, sans que personne ait le droit de s'en plaindre. Après environ trois heures de marche, nous sommes rentrés à l'hôtel.

Au milieu de tous nos plaisirs, un autre plus grand est venu s'y joindre, c'est l'arrivée de Napoléon à Fontainebleau.

Il a été reçu à l'entrée de la ville sous un arc-de-triomphe. Tout le long de la route jusqu'au château, on avait formé une haie d'écussons portant le nom

de la commune et surmontés de drapeaux. Les fenêtres étaient toutes garnies de monde, et les paysans
des environs encombraient les rues. Napoléon, suivi
de son état-major, traversa à cheval la ville, tenant à
la main un gros bouquet de violettes. Le soir tout
était illuminé.

Depuis plusieurs jours, la gaieté règne non-seulement dans la ville, mais dans la forêt. De superbes
chasses aux cerfs ont eu lieu ; Napoléon est allé au
rendez-vous de chasse dans une voiture attelée de
six chevaux de poste et suivie de plusieurs autres où
étaient réunies toutes les personnes qui devaient l'ac-
compagner. Un grand nombre de cavaliers s'y était
rendu. Aussitôt arrivé, Napoléon, en costume de
chasse, ayant le grand cordon rouge, est monté de
suite sur son cheval ; plusieurs dames à cheval, en
costume de chasse, le suivaient, ainsi que ses géné-
raux.

L'on ne peut se faire une idée de ce beau coup
d'œil qu'en y assistant. Au milieu d'une forêt silen-
cieuse, vous voyez de tous côtés arriver de beaux
équipages, d'élégants cavaliers filant rapidement. Les
sentiers sont remplis de curieux avides de voir ; aussi
ne manque-t-il pas de militaires pour mettre le bon
ordre.

Quand tout est prêt, le cor de chasse se fait entendre ; les chiens répondent par leurs aboiements. Napoléon aussitôt a ouvert la marche, suivi de plus de
quarante personnes à cheval et de tous les gardes-

chasse et valets de sa maison. Une partie des voitures
est restée au rendez-vous ne pouvant point aller assez vite : ce que nous avons fait, car pour courir
après le cerf, il faut ou en avoir les jambes, ou être
monté sur des chevaux dignes de courir après lui.
Nous ne nous en sommes pas moins bien amusés, et
n'avons pas manqué de retourner aux autres chasses.

Malheureusement Napoléon part demain, et cela va
nous décider à revenir. Il est vrai que l'hiver semble
nous attendre pour commencer à se faire sentir; mais
puisque nous ne pouvons l'éviter, revenons gaiement
à Paris attendre le printemps.

VOYAGE EN ESPAGNE.

———◦———

Le 5 mai, nous avons quitté Paris, un mois plus tôt que d'habitude, afin de jouir de la verdure dans toute sa fraîcheur. Nous nous sommes dirigés vers Blois, où nous avons commencé à respirer l'air frais du printemps au milieu de jolies vallées.

Trois jours après, nous sommes arrivés à Poitiers, ville dans laquelle nous étions passés, mais sans nous y arrêter. Cette fois nous l'avons visitée : elle est bâtie dans le genre de Blois sur une hauteur. La promenade est remarquable surtout pour le point de vue ; la cathédrale est assez belle.

Sur les huit heures du soir nous sommes partis de
Poitiers pour la Rochelle. Il faisait un beau clair de
lune ; cela nous facilitait à juger les villes que nous
traversions, et qui ne sont jamais *éclairées* autrement.

A trois heures du matin nous sommes passés à Niort.
La ville paraît assez belle, mais il n'y a rien de curieux
à voir. La diligence s'est arrêtée seulement une demi-
heure, et nous avons continué notre route jusqu'à la
Rochelle.

La ville est fortifiée ; l'on passe sur deux ponts-levis.
On se croirait en Flandre pour la propreté des rues
et la bonne tenue des maisons, et à Berne pour les
arcades. Dans toutes les rues on peut se promener
quand il pleut sans être mouillé ; c'est un très-grand
avantage pour les touristes, qui en général n'aiment
pas à rester chez eux.

Nous avons d'abord visité le port ; plusieurs vaisseaux étaient encore sur les chantiers ; un de ces
vaisseaux presque terminé était destiné pour son premier voyage à aller en Australie. C'est quelque chose
d'effrayant que de voir la grosseur d'un vaisseau. On
ne peut en juger que hors de l'eau : ce sont de véritables maisons. Nous avons continué notre chemin le
long de la rade, c'est une des plus belles de l'Océan.
Sous de jolies avenues d'arbres, vous jouissez du
coup d'œil de la mer ; la promenade est très-longue
et bien variée ; un bel établissement de bains est à
l'entrée, mais un autre beaucoup plus vaste vient

d'être bâti plus loin, cela attirera beaucoup de baigneurs. Pour que l'on puisse prendre des bains de
mer à toute heure, plusieurs petits bassins ont été
faits afin de conserver l'eau au moment où la mer se
retire ; ce sont des bains au moins aussi élégants que
ceux de Frascati au Havre.

Le lendemain, nous avons été visiter les bassins où
entrent les plus grands vaisseaux ; l'on était en train
d'en charger un d'eau-de-vie de Cognac pour l'Amé-
rique. Nous nous sommes promenés ensuite sur le bord
de la rade, qui fut comblée par les ordres de Richelieu,
pour intercepter le passage aux vaisseaux anglais qui
arrivaient au secours des Rochelais. Le siége de La
Rochelle coûta des millions à la France. Demain, nous
partons pour Rochefort.

A sept heures du matin, nous avons quitté La Rochelle. La route est belle, mais on n'y rencontre pas
un village ; l'on aperçoit la mer plusieurs fois, mais
d'assez loin.

A dix heures, nous sommes arrivés à Rochefort. La
ville est petite et gaie, les rues sont droites et les
maisons bien bâties. Si tôt arrivés, nous sommes allés
à l'arsenal ; moyennant une permission, vous y entrez
accompagné d'un gendarme qui est chargé de vous
conduire partout.

Autrefois il y avait un bagne ; mais les prisonniers
ont été envoyés à Cayenne, et les prisons servent
d'ateliers de supplément. Nous avons d'abord traversé
les cours, où sont tous les bois qui servent à la con-

struction des vaisseaux de l'État ; l'année est écrite sur chaque hangar afin de ne les employer qu'à un temps limité. Puis nous avons vu les chaînes de fer amoncelées les unes sur les autres ; elles valent jusqu'à 6,000 fr.; des ancres, des boulets, des canons dans une longueur qui peut servir de promenade. L'atelier où se font les cordages a seulement 900 pieds de long ; un autre où sont les mâts. Parmi tous les vaisseaux qui, dans ce moment, sont en construction, un seul attire toute l'attention ; c'est *le Louis XIV* ; il est de 130 canons, et sa hauteur atteint sept étages. Il est encore sur le chantier. Nous avons donc pu voir son mât séparément ; c'est d'une longueur incroyable ; douze pièces de bois forment sa grosseur. Quand le vaisseau est lancé dans l'eau, pour le mâter on le place près d'un vaisseau qui ne bouge jamais et sert à mâter tous les autres. Nous sommes montés dans une frégate prête à partir ; étant arrivés sur le pont, nous sommes descendus un étage ; là sont placés 46 canons ; au milieu est une espèce de cage à compartiments pour mettre des volailles, des moutons, des bœufs et autres provisions de bouche. Un étage plus bas est l'appartement du commandant ; à la suite, les chambres des officiers placées de chaque côté du vaisseau, et le milieu est occupé par les militaires, qui tous sont couchés dans un hamac, lit suspendu au plafond. Dans d'énormes trous l'on met la poudre, et plus bas encore est le fond pour d'autres provisions. Au moyen d'un cric, ils montent facilement leurs

canons à l'étage qu'ils croient utile pour la défense
du vaisseau. C'est tellement grand qu'en se promenant
dedans on oublie que l'on est sur l'eau. Celui qui n'a
jamais vu que des vaisseaux en peinture ne se doute
guère de tout le travail qu'exige un vaisseau, combien
de genres d'ouvriers différents viennent y travailler
et le temps qu'il faut pour le faire. L'on prétend que
chaque vaisseau de l'État dans le port de Rochefort
l'un dans l'autre revient à un million. Quatre mille
ouvriers sont continuellement occupés à la construction ou à la réparation des vaisseaux. Il y a aussi une
salle d'armes : les rateliers sont en grand nombre ; les
murs et portes des extrémités de la salle sont tapis-
sées de baïonnettes, surmontés de sabres et autres
armes qui, placées avec précision, font un très-joli
effet ; mais cependant c'est moins beau qu'à l'arsenal
de Toulon. Je ne sais combien d'heures il nous a fallu
pour tout voir ; mais on ne regrette jamais que le
temps perdu et celui-là est trop bien employé pour le
regretter. S'instruire, à mon avis, est un temps passé
gaiement.

Le lendemain, nous sommes allés nous promener
au jardin public ; il est fort beau : une quantité de
fleurs et d'arbres étrangers forment ensemble de jolies
corbeilles. Devant la préfecture, un concert militaire
a lieu deux fois par semaine, ce qui ne laisse pas que
d'attirer plus de monde. Le fond du jardin est bien
couvert ; de grandes allées sablées et percées agréablement font un très-joli point de vue à la préfecture,

et une promenade très-commode pour se mettre à
l'abri du soleil ; le jardin botanique fait suite. C'est
une petite ville que nous avons vue avec plaisir.
Demain nous allons la quitter.

A midi, nous sommes partis de Rochefort en passant par Charente. Le pont de Charente est en fil de
fer et d'une hauteur qui laisse toujours des craintes à
le traverser ; ils ont été forcés de le faire aussi élevé
pour que les vaisseaux puissent passer avec les mâts.
C'est assez curieux, d'autant plus qu'il est très-long
et que la diligence ne peut aller qu'au pas. La route
est très-accidentée jusqu'à Saintes, où nous nous
sommes arrêtés un jour ; la ville est gaie. Nous sommes allés à l'église Saint-Pierre et ensuite à l'église
Saint-Eutrope, remarquable par une autre église qui
se trouve bâtie dessous ; à peine si le jour y pénètre.
Le clocher, par sa hauteur, ressemble à une véritable
pyramide.

A six heures du matin, nous avons pris la diligence
pour aller à Angoulême, en passant par Cognac, ville
où est né François Ier. La voiture s'y arrête trois heures ;
cela nous a donné le temps d'aller nous promener
dans le bois, qui autrefois attenait à son château ;
aujourd'hui cela sert de promenade publique. La ville
est petite ; mais il s'y fait beaucoup de commerce
pour les eaux-de-vie. Nous avons continué notre
route en passant par Jarnac. Les points de vue sont
magnifiques depuis Saintes ; l'on aperçoit Angoulême
de très-loin. La ville est tout à fait sur une hauteur ;

elle est bien bâtie ; autour de la ville il y a une belle terrasse d'où l'on découvre à plus de 100 kilomètres ; c'est un des plus beaux points de vue que nous eussions en France ; l'on descend de la terrasse par de petites allées formant labyrinthe et qui vous conduisent à d'autres grandes allées, toujours par degrés, jusqu'au bord de la route qui suit la Charente.

Nous avons encore pris congé d'Angoulême pour aller à Périgueux. La Dordogne est un pays montagneux, peu cultivé ; mais la verdure qui partout trouve sa place n'en a pas moins de charmes pour le touriste. La route passe au milieu de belles vallées, de jolis bois ; les maisons sont rares et l'on fait plusieurs lieues sans en trouver ; les porcs sont bien tranquilles pour chercher les truffes ; le bruit ne les distrait pas de leurs occupations. Une charmante avenue de peupliers et de plusieurs lieues, serpentant au milieu d'une vallée, vous annonce l'entrée de Périgueux, -jolie petite ville ; les maisons sont très-belles ; c'est vivant ; les rues sont propres. Plusieurs places entourées d'arbres servent de promenades, et une terrasse bien couverte de marronniers, d'où vous découvrez toute la prairie rafraîchie par l'Isle, qui passe au milieu. Le séminaire ainsi que le lycée sont très-beaux, les églises très-anciennes ; elles datent du xe siècle ; les tableaux y sont beaux : toutes les stations de Notre Seigneur sont faites sur un fond or ; les figures ont beaucoup d'expression. Plusieurs autres grands tableaux ornent encore l'église.

Nous avons à peu près tout vu. Nous partons pour Agen. La route est la même dans tout le département : beaucoup de montagnes et très-désertes. A Bergerac, nous avons traversé la Dordogne ; c'est la seule ville passable que nous eussions vue. Le Lot-et-Garonne est beaucoup mieux cultivé ; les terres y sont meilleures. Nous sommes passés à Villeneuve : les boutiques sont abritées par les maisons, qui avancent en leur servant d'auvent ; c'était la mode autrefois de les faire ainsi, et dans beaucoup de villes l'on voit des quartiers bâtis dans ce style ; mais il faut le dire à leur louange, n'importe dans quel département, ils font à présent de jolies maisons qui, par le bon goût, rivalisent avec celles de Paris.

Nous sommes arrivés à une heure du matin à Agen, bien fatigués. La ville est grande ; mais les rues et les maisons sont laides. Je craignais un instant y être venue pour des *prunes*, puisque, d'après ce qu'ils disent, ils en récoltent pour huit millions par an ; j'en suis satisfaite pour eux ; mais, pour moi, ce qui m'a beaucoup plus intéressée, c'est de voir la Garonne traversée par un pont de pierre de la longueur de vingt-trois arches, et ce même pont est le canal : la chaussée est remplie d'eau et des trottoirs de chaque côté pour les piétons. C'est un coup d'œil extraordinaire. Les bateaux de la Garonne passent dessous le pont et les autres passent dessus ; c'est le fameux canal de Cette construit sous le règne de Louis XIV et continué depuis Toulouse par Louis-Philippe. Quand il sera terminé, on communiquera d'une mer à l'autre. Nous avons vu plusieurs bateaux se suivre chargés de poteries de pierre ; je le crois d'une grande utilité pour le transport des marchandises.

Les promenades d'Agen sont superbes : des allées bien couvertes, garnies de bancs, longent les bords de la Garonne. Il y a un très-beau pont en fil de fer où passent les piétons ; mais sa longueur et sa fragilité vous le font admirer de loin ; il y passe peu de monde, d'autant plus qu'à une petite distance un autre en pierre traverse la Garonne.

On ne peut venir à Agen sans aller voir l'église de l'hospice. La supérieure, possédant une grande fortune, l'a fait bâtir à ses frais ; ayant beaucoup voyagé avant d'entrer au couvent, elle-même en a fait le plan, n'a point voulu d'architecte, a puisé dans ses souvenirs et a trouvé moyen de faire de cette petite église un bijou, l'imitation d'un petit Saint-Pierre de Rome. Le maître-autel et les quatre autres chapelles sont en marbre blanc, ainsi que la chaire. Tout le chœur est en mosaïque ; de superbes peintures à fresque représentant la Sainte Vierge se consacrant à Dieu, l'Annonciation, Bethléem, la Purification, et la Sainte Vierge au milieu ; au-dessus, dans la coupole, saint Pierre, entouré des quatre évangélistes. Les vitraux sont magnifiques. Tout le tour de l'église, ainsi que les piliers, sont boisés en bois de citron sculpté ; les confessionnaux sont dans le même style ; le parquet de l'église est du même bois. Aussi, dans la crainte de le salir, le dimanche l'on met des tapis partout. La lampe du milieu est en argent massif; la propreté, l'élégance feraient envie au plus joli boudoir. Nous nous sommes retirés en priant la personne qui nous avait fait voir l'église de vouloir bien adresser à madame la supérieure nos compliments, en la félicitant de son bon goût.

Le lendemain, nous avons voulu nous promener dans des avenues où la veille nous étions passés, mais nous avons été bien surpris de ne pouvoir continuer : la Garonne était montée considérablement et avait débordé dans certains endroits ; le soir, elle avait encore envahi plus de terrain ; aussi les mariniers étaient-ils tous occupés à retenir leurs bateaux par de grosses chaînes, car la Garonne est non-seulement très-large ; mais, quand elle grossit, elle est aussi rapide que le Rhône. Le danger intéresse toujours : chacun allait s'en rendre compte.

Nous sommes restés une semaine à Agen, retenus non-seulement par les jolies promenades, mais par une agréable société que nous avons quittée à regret. A six heures du matin, nous sommes partis pour Auch, en passant par Lectour-Fleurance, ville sans importance, qui ne sert que de temps d'arrêt à la continuation du charmant point de vue dont on jouit tout le long de la route d'Agen à Auch ; vous voyez des prairies, des vallées, des châteaux bâtis au haut des collines ; l'eau serpente au milieu de toute cette belle verdure, si fraîche au mois de juin. Le Midi, de ce

côté, gagne beaucoup à être connu : ce ne sont plus
les terres sablonneuses des Landes, ni le terrain pier-
reux de l'Ardèche ; mais ce sont des terres bien cultivées, qui doivent placer dans l'aisance tous les habitants.

En arrivant à Auch, nous nous sommes empressés
d'aller voir la cathédrale, si renommée pour ses
vitraux. Elle date du xii⁰ siècle. Elle est fort belle;
toutes les chapelles ont des balustrades en marbre.
Les vitraux sont moins beaux qu'à Troyes sous le
rapport des sujets qu'ils représentent ; mais aussi la
fraîcheur de ceux d'Auch prouve qu'il a fallu que les
couleurs fussent bien fines pour se conserver ainsi.
Nous nous sommes arrêtés à Auch pour voir l'église,
et nous repartons pour Tarbes.

Depuis Auch jusqu'à Bayonne, cela a moins d'at-
traits pour nous. Nous avons déjà vu tous ces pays,
dont j'ai donné la description; cependant je suis obligée
d'avouer que Tarbes a beaucoup gagné depuis deux
ans, ou bien je l'aurais mal jugé la première fois en
ne trouvant pas cette ville bien bâtie.

Nous voici donc arrivés à Bayonne. Que Dieu veuille
cette fois que nous puissions aller en Espagne ! Je
n'ai pas voulu en parler avant d'être sur la frontière,
car, il y a deux ans, nos projets n'ont pu se réaliser,
et je ne veux plus bâtir des châteaux en Espagne ; je
désire seulement voir les leurs. L'on nous effraie
beaucoup de la mauvaise tenue des hôtels ; mais nous
n'en aurons que plus de mérite puisqu'à la fatigue il

faudra ajouter les privations, et si cela éloigne beaucoup de personnes d'y aller, d'un autre côté, le récit
des choses curieuses intéresse davantage puisque
moins de monde va visiter ce pays.

Le 11 juin, à dix heures, nous sommes partis de
Bayonne pour Madrid, en passant par Bidart-Saint-
Jean de Luz, petite ville d'où l'on aperçoit la mer.
À peu de distance, nous avons traversé le pont de la
Bidassoa, dont la moitié appartient à la France et
l'autre à l'Espagne. C'est sur la rivière de la Bidassoa,
dans une toute petite île appelée île des Faisans, que
Philippe IV, roi d'Espagne, remit l'infante, sa fille,
entre les mains de Louis XIV. Nous avons regardé avec
plaisir cette île inhabitée, où se fit la paix qui fut
nommée celle des Pyrénées. Nous nous sommes arrêtés à Ayrum pour la visite des malles et passe-ports.
La route est très-étroite, mais bien entretenue jusqu'à
Saint-Sébastien, que l'on découvre de très-loin et qui
est une jolie petite ville, bien bâtie. La citadelle est
non-seulement fortifiée par des ponts-levis, mais elle
est presque entourée par la mer. Nous n'y sommes
restés que le temps de relayer et de vérifier les passe-
ports.

Nous avons poursuivi notre chemin en passant dans
une route qui, par ses montagnes, me rappelait la
Suisse. A Tolosa, nous avons dîné ; c'était une cuisine
déjà espagnole ; mais il faut sacrifier ses goûts en
voyage. Pendant plusieurs heures de la nuit, la diligence a été traînée par six bœufs et deux mulets. Les

montagnes sont très-roides et longues, et les chevaux ne pourraient y résister. Presque tout le temps de la route, nous avons eu des mulets; ils en mettent une dizaine; ils ne les fouettent pas, car il faut croire que cela ne leur ferait rien; mais un homme assis devant le coupé descend de temps en temps et leur donne des coups de bâton sur le dos; de plus, pour les animer, ils crient continuellement *a iya* d'un son de voix aussi harmonieux que le cri que l'on jette quand on se pince le doigt. Ainsi jugez de notre bonheur, pendant 56 heures il a fallu entendre ce cri.

Nous étions à six heures du matin à Vittoria, très-belle ville : les maisons sont bien bâties, les rues larges. La diligence arrête une demi-heure. Nous avions demandé du chocolat : comme ils ne comprennent pas le français, en place ils nous ont fait du thé, que nous avons pris pour *digérer* le chocolat dont nous nous sommes passés; mais en voyage l'on a toujours des provisions, et nous avons mangé en voiture.

A Burgos, l'on s'est arrêté pour dîner. Très-belle ville; l'on traverse une grande place entourée d'arcades. L'église est très-belle d'architecture; les deux tours finissent en forme de pyramides à jour; à juger du dehors, je la crois belle dans l'intérieur; mais le temps nous manquait.

La route devient aride, les arbres disparaissent à mesure que nous avançons. La neige est restée sur le haut des montagnes, cela devint même sauvage. Nous

8

avons traversé Aranda ; la nuit, le pont est fermé pour
la sûreté de la ville. La province de Ségovie ressemble, par places, au mont Saint-Gothard ; il y a des montagnes épouvantables. Le matin, des femmes viennent vous offrir du lait ; elles ont des pots, des verres
et suivent la diligence à pied, elle va assez doucement
pour qu'on puisse boire à son aise.

Plus on approche de Madrid, et plus c'est désert.
On rencontre des caravanes de mules qui transpor-
tent tout sur le dos.

C'est une vilaine route, de Bayonne à Madrid ; excepté six ou sept villes, ce sont des villages horribles,
des maisons hideuses ; l'on cherche vainement à distinguer l'habitation des hommes d'avec celle des animaux. Je crois que tous couchent ensemble. Les gens
sont sales sur eux, et les mendiants sont en guenilles,
ils sont vêtus seulement pour ne pas être tout nus.
On trouve que l'Italien est mal vêtu, mais je le trouve
moins malheureux.

Je crois que l'Espagne est bonne à visiter une fois
par curiosité, mais deux, il faudrait y être forcé.

Nous voilà à Madrid. En arrivant, pour nous remettre de nos fatigues, nous sommes allés dans l'hôtel qu'on nous avait indiqué. Il n'y avait d'abord pas
de place ; il nous a fallu aller dans une autre maison
garnie, et, voyant la difficulté que nous avions à trouver à peu près bien, mais très-cher, nous sommes
restés. Les voyageurs sont si rares à Madrid, qu'ils
n'ont que deux hôtels, dont l'un est une cuisine es-

pagnole à laquelle nous ne pourrions nous habituer, et l'autre hôtel est tellement ancien, que cela ressemble, pour l'entrée, à un roulage, et le dedans à une caserne. Nous nous sommes estimés encore heureux d'avoir été conduits dans cette maison particulière.

Je n'aurais jamais pensé que la capitale d'un royaume offrait aussi peu de ressources. Je ne m'étonne plus que l'Espagne soit si peu visitée. Quelle différence, pour les hôtels, d'avec ceux que l'on trouve en Suisse ! Aussi les Anglais, qui aiment le confortable, ne vont pas de ce côté.

Le vin n'est pas buvable ; il est peut-être bon par lui-même, mais on a l'habitude de le mettre dans des peaux de bouc, et cela lui laisse une odeur qui n'est point agréable ; aussi me suis-je mise de suite à l'eau sucrée pour mes repas.

Nous avions compté sur ces inconvénients, car tout le monde s'accorde pour vous effrayer des routes et des mauvais hôtels. Mais, puisque nous avons eu la fatigue, il faut au moins nous dédommager en allant voir la ville.

Madrid n'est pas grand ; il y a plusieurs grandes rues où les maisons sont très-belles, mais elles sont pour la plupart étroites.

Nous sommes allés le soir au Prado, qui ressemble en petit à nos Champs-Élysées. Les équipages suivent la file de chaque côté ; les cavalcades passent au milieu. L'élite de la bonne société s'assied sur les chai-

ses; beaucoup de dames descendent de leur voiture
pour se promener, elles sont presque toutes en robe
et mantille de soie noire, nu-tête et coiffées d'un
voile noir mis avec beaucoup de coquetterie. Leurs
cheveux sont d'un noir d'ébène, la peau très-blan-
che, des yeux vifs; elles sont très-bien (je parle de l'a-
ristocratie). Je crois que la toilette les occupe beaucoup.

Le lendemain, nous sommes allés au musée; les
galeries sont grandes et renferment de très-beaux tableaux. Un m'a beaucoup frappée : c'est une famille
de grands personnages mis en prison par opinion du
temps des guerres de Napoléon, qui, par un officier,
leur envoie du pain, qu'ils repoussent avec dédain :
ils préfèrent tous mourir de faim.

En sortant du musée, nous sommes allés voir le
château de la reine. Il paraît moins grand que les Tuileries, par la raison qu'il est carré; la cour du milieu
est entourée d'arcades surmontées d'une galerie vitrée. Le château est bâti dans le style du Louvre; le
grand escalier est tout en marbre; deux beaux lions,
également en marbre, sont placés sur la balustrade.

Nous sommes arrivés, par un escalier grandiose, à
la galerie, et nous sommes entrés dans la chapelle.
Les dorures, les peintures de la coupole, les colonnes
de marbre, rien n'y manque pour en faire une chapelle royale; la tribune de la reine est vitrée; au-des-
dessus sont d'autres tribunes à jour.

Nous pensions voir les appartements, mais il faut

avoir une permission du majordome ; malheureusement il est absent, et personne ne peut le remplacer. Nous le regrettons, d'autant plus que le palais est trop beau à l'extérieur pour que l'intérieur n'y réponde pas.

Devant le château, il y a un joli parterre entouré d'une grille, autour une avenue d'arbres et une quantité de statues.

Nous sommes allés voir ensuite la sellerie, où sont placés, dans des cases séparées, depuis l'habit le plus simple des domestiques jusqu'à leurs plus belles livrées ; là sont aussi toutes les selles, les harnais, les panaches des chevaux, des housses brodées d'or pour mettre sur eux, un siége de voiture en velours rouge dont chaque gland d'or de la frange coûte 80 francs, des chaises à porteur d'une richesse dont rien n'approche, une voiture en bois noir sculpté, qui fut la première voiture qui parut en Espagne, elle appartenait à la mère de Charles-Quint ; la portière est fermée par un cadenas.

Nous avons vu aussi une voiture en fer poli ; elle n'est pas peinte ; les roues, la caisse, tout est en fer ; elle a été donnée comme cadeau par les Biscagues. En descendant, nous avons vu les équipages ; d'abord une calèche dont le siége et le dedans de la voiture sont en velours bleu de ciel ; un petit char russe fait en forme de poisson : il a été donné dans le temps par Napoléon Ier ; deux autres berlines tout incrustées d'or massif, le dedans est brodé en soie et représente des ports de mer ; c'est tellement bien fait, qu'on croirait que c'est de la peinture.

Chaque voiture a coûté 350,000 francs.

De là nous sommes allés visiter les écuries, où nous avons vu une quantité de mules ; il est vrai que les plus belles étaient à la campagne. Ensuite, nous nous sommes promenés dans des jardins ; mais le soleil était si chaud, que nous sommes rentrés.

Pour occuper toutes nos journées, nous avons visité l'armurerie. Dans une longue galerie sont placés, dans des cases vitrées, une quantité de beaux fusils, d'épées, de poignards qui datent de très-loin ; plusieurs chevaux en bois sont couverts de leur armure, et le cavalier en selle ayant sa cuirasse. Mais c'est beaucoup moins beau qu'à Turin. Il y a aussi plusieurs mannequins de la Chine en costume de guerre ; un sauvage ayant des plumes sur la tête qui retombent derrière jusqu'en bas ; pour sa défense il tient un carquois et l'arbalette.

Nous avons vu de plus belles salles d'armes, mais il est bon de les visiter toutes.

A Madrid, il y a peu de choses à voir ; ce n'est plus Rome, où les jours passent si vite par l'emploi qu'on en peut faire à admirer tant de belles choses. Les églises n'ont rien de remarquable ; c'est tout bonnement une ville de luxe, de toilette, où l'artiste n'a rien autre chose à faire qu'à se promener le matin ou le soir. Mais, pour qu'il ne soit pas dit qu'on n'a rien vu, on attend le combat de taureaux, puisque c'est une chose remarquable en Espagne, c'est même ce qui nous a forcés de rester si longtemps.

Comme d'habitude, deux jours d'avance, on a affiché le combat ; nous sommes allés prendre nos billets, et, le dimanche, nous y sommes allés. Hors la ville, près la barrière, est construite l'arène, que je crois plus grande que l'hippodrome ; 12,000 personnes au moins, et assises, peuvent y trouver place.

L'arène est entourée d'une forte barrière de bois que les toreros escaladent continuellement pour se sauver au moment où le taureau va les saisir, quelquefois même le taureau saute par-dessus ; mais on ouvre de suite des portes qui communiquent à l'arène, et facilement on le fait rentrer dedans : il ne pourrait aller plus loin, une autre barrière le sépare du public ; elle est surmontée de gros cordages où se prendraient les jambes, et, au pis, on le tuerait de suite, s'il s'écartait de l'enceinte.

Le public est assis en amphithéâtre sur des gradins en pierre ; puis ce sont des galeries en bois et couvertes pour le soleil. Au-dessus sont les loges ; celle de la reine est vitrée.

Avant de commencer, un piquet de gendarmes à cheval fait évacuer tous les gamins et marchands de comestibles qui encombrent l'arène, et aussitôt paraissent plusieurs mulets attelés par trois, caparaçonnés de franges et suivis d'une douzaine de chiens bouledogues de première force, que l'on tient enchaînés ; ensuite les toreros, hommes qui se battent avec le taureau ; leur costume est une veste toute brodée d'argent, une culotte courte rose ou verte, bleue ou jaune, et brodée sur le côté également en argent ; ils ont des bas de soie rose et des souliers à boucle ; une espèce de toque en velours noir et retroussée autour. Ce costume est appelé andalous.

Ils font le tour de l'arène, afin que l'on voie leur costume, que l'on admire avant, mais que l'on ne regarde guère après.

Quand ils sont tous rentrés, à cinq heures précises, un homme à cheval, ayant un manteau noir à l'espagnole, apporte la clef pour ouvrir la porte par où le taureau doit sortir, et, ventre à terre, il se retire par la porte opposée. Au même instant le taureau sort ; effrayé de se trouver au grand jour, ses yeux cherchent dans l'espace ; une douzaine de terreros l'agacent aussitôt en lui faisant voir de grands morceaux de soie de différentes couleurs, et quand il va pour suivre un morceau, un torero lui en jette un autre, afin de l'occuper et que l'homme qu'il poursuit ait le temps de se sauver.

Tout cela pourrait peut-être, je ne dirai pas amuser, mais distraire un instant, c'est une espèce de jeu de colin-maillard ; mais la suite ne vous permet plus d'appeler cela un jeu.

Quand ils croient l'animal assez en furie, trois cavaliers à cheval viennent à leur tour lui présenter une pique ; il recule à plusieurs fois. Il semble que son instinct lui dit que le cheval ne lui veut pas de mal. Mais cette pique, qu'on lui montre à plusieurs reprises, le lutine, et le cavalier qui est monté dessus, auquel je vous demanderai la permission de ne pas donner de nom, a la barbarie de faire tout ce qu'il peut pour faire éventrer son cheval. Le taureau, avec ses cornes, lui perce le ventre ; le cheval est blessé plus ou moins ; le cavalier, à qui cela convient de faire un métier pareil, se relève de suite, et, si le pauvre cheval n'a pas reçu le coup mortel, il remonte dessus ; les entrailles du cheval pendent jusqu'à terre, et il court jusqu'à ce qu'épuisé de perdre son sang, il tombe pour ne plus se relever.

Alors c'est au tour du taureau à souffrir. Il ne se contente plus de l'agacer avec des morceaux de soie, mais c'est à qui aura l'adresse de lui planter une flèche dans le cou. Le pauvre animal devient alors furieux ; il perd son sang, et quelquefois il cherche sa porte d'écurie pour rentrer, il renonce à leur vouloir du mal et se couche. L'homme, qui est peut-être l'animal le plus dangereux quand il a soif du sang, lui enfonce des poignards ; il se relève encore, car il ne peut acquitter sa dette envers le bon public que quand, en se ruant sur le morceau de drap rouge, un homme lui traverse le cou d'une épée. Alors il tombe, et on lui fait la grâce de l'achever.

Pour terminer cette scène d'abominations, la musique se fait entendre au moment où s'ouvre une porte d'où sortent des mulets qui viennent traîner le taureau. On met également une corde au cou des chevaux qui sont morts, et ils sont enlevés de la même manière. Des hommes sont occupés continuellement à jeter de la poussière sur le sang, qui ruisselle partout.

Vous allez peut-être penser qu'une scène pareille devait suffire! Pour mon compte, je manquai de me trouver mal; je devins pâle comme la mort; mes mains tremblantes refusaient de tenir mon mouchoir imbibé d'eau de cologne. Je voulais me retirer; mais je regardais le martyre de ces pauvres chevaux, ayant souvent rendu bien des services à l'homme, et les massacrer ainsi pour son amusement! Je me disais : Oui, j'aurai du courage si je souffre de les voir, je jugerai de leur barbarie jusqu'à la fin, et si je puis, par mon récit, empêcher bien des personnes de voir cela, ils devront m'en savoir gré. Mais je n'y retournerai jamais; je regarderais cela comme un cas de conscience : Dieu a créé les animaux pour l'utilité de l'homme, mais non pour prendre plaisir à les faire souffrir autant.

Cette horrible boucherie s'est renouvelée neuf fois dans la soirée; neuf taureaux ont été tués, cinq chevaux morts dans l'arène, un qui s'est promené pendant au moins deux heures avec ses entrailles qui balayaient la poussière, et d'autres qui, prêts à mourir, ont été rentrés, ce qui doit avoir fait une douzaine de chevaux morts pour la soirée.

Parmi les taureaux, un seul ne voulait point faire de mal pas plus aux hommes qu'aux chevaux. Il fut sifflé de suite; ils croyaient de tous côtés que c'était un mauvais taureau, et qu'il fallait le rentrer. Alors, pour l'animer, trois gros chiens ont été lâchés après lui ; le taureau s'est défendu longtemps : il enlevait avec ses cornes les chiens par-dessus sa tête ; mais, à trois, ils sont parvenus à le saisir aux narines, et il a été forcé de se rendre. J'ai trouvé qu'il était non-seulement le meilleur de tous, mais le plus malin, car il n'a pas fait de mal aux chevaux et n'a pas souffert longtemps. S'ils étaient tous ainsi, les mauvais cœurs ne pourraient plus se réjouir.

On appelle cela le combat des taureaux. Oui, s'ils se battaient l'un contre l'autre ; mais comme ce sont des hommes qui le mettent en furie pour finir par faire éventrer leurs chevaux, alors j'appelle cela un massacre de chevaux.

La pensée, beaucoup plus vive qu'aucun télégraphe, avait bientôt franchi l'espace qui me séparait de Paris. Je me rappelais nos Parisiens au cœur sensible, qui entourent un cheval tombé par un faux pas et ne l'abandonnent que quand ils le voient mort. Quelle différence en Espagne !

On vous dira : A la guerre, c'est bien pis ; aussi n'a-t-on jamais regardé la guerre comme un amusement, c'est une chose forcée, et l'homme, ne pouvant se passer de cheval, s'en sert et partage avec lui le danger ; le militaire qui a son cheval blessé sous lui le panse sitôt qu'il lui est possible, et ne se réjouit pas de ses souffrances ; et qui sait si, parmi tous ces chevaux, plusieurs n'ont pas rendu

plus de services que bien des personnes qui se croient,
moyennant un billet, avoir le droit de les voir sacrifier à leur amusement? Aussi je ne me privais pas
de dire ce que j'en pensais, tant pis pour ceux qui
comprenaient le français.

Je suis rentrée à l'hôtel tout étourdie d'une pareille soirée. Quatre heures à peine ont suffi pour
pouvoir m'endormir ; j'étais dans une telle agitation,
que, pour un rien, je me serais levée pour prendre la
plume et débarrasser mon cœur gonflé par tant d'a-
trocités.

Le lendemain, nous eûmes occasion d'en parler
avec un Français qui habite Madrid depuis une douzaine
d'années. Il nous disait que les courses de taureaux
d'autrefois n'étaient plus celles d'aujourd'hui : les cavaliers étaient plus adroits et faisaient si bien manœuvrer leurs chevaux, qu'ils évitaient les cornes du taureau, et les chevaux n'étaient point blessés ; aujour-
d'hui, il paraît que c'est une satisfaction pour le
peuple que de les voir éventrer ; ils applaudissent des
mains pour témoigner leur joie ; on prétend même
qu'il y aurait une révolution si on abolissait ces jeux.

Tous les dimanches, pendant six mois de l'année,
ils passent ainsi leurs soirées. Il faut que ce soit bien
dans leur goût, puisqu'ils ont pour se promener un jardin public appelé Retiro, plus beau qu'aucun de ceux
que nous eussions jamais vus depuis que nous voya-
geons.

A l'entrée se trouvent de très-grands parterres de

fleurs et plusieurs pièces d'eau ; vous communiquez, par un perron, je ne dirai pas au jardin, car, par sa grandeur, on ne peut lui donner que le nom de parc ; nous nous sommes promenés dedans une heure ou deux sans pouvoir atteindre le bout ; les allées sont nombreuses et dessinées en forme de jardin anglais ; plusieurs statues ornent les plus grandes.

Cette promenade est d'autant plus agréable, que, dans certains endroits, on découvre toute la ville et les plaines qui l'environnent.

La reine a un château de plaisance qui communique au Retiro ; mais on ne peut y entrer qu'avec des billets et à certains jours ; même pour les jardins publics, il y a des heures pour se promener : le matin, ils sont ouverts jusqu'à dix heures, puis ils sont fermés pour ne rouvrir qu'à cinq heures ; on présume sans doute que la chaleur suffit pour vous faire rester chez vous. Ce n'est pas très-commode pour les étrangers, quand ils se présentent dans le milieu de la journée, d'être obligés de s'en retourner ainsi. On ne reste pas assez longtemps pour pouvoir prendre les heures de chaque chose ; au surplus, la chaleur est supportable : le soleil, il est vrai, est plus chaud qu'à Paris ; mais, en allant à l'ombre, on respire un air frais, fort agréable, dont, en France, nous sommes privés.

Ce qui manque à Madrid, ce sont des bornes-fontaines : l'eau y manque positivement. Il y a bien une rivière, mais on peut dire sans eau. On fait de grands travaux, depuis quelque temps, pour tâcher d'y re-

9

médier ; cela serait d'autant plus heureux pour le pays, que l'eau y est excellente et se conserve fraîche très-longtemps.

Je la crois bonne pour la santé, puisque, dans toutes les rues, des hommes se promènent et vendent de grands verres d'eau aux passants ; c'est même reçu aux théâtres, cela leur sert de rafraîchissement.

Notre séjour à Madrid s'est prolongé plus que nous ne l'aurions pensé. Les places aux diligences sont courues, surtout le coupé, et, pour ne pas le manquer, nous avons retardé de plusieurs jours notre départ.

Nous partons demain pour Valence.

Pour utiliser notre dernière soirée, nous sommes allés voir le jardin botanique, qui est d'abord très-grand. Un très-beau berceau en fer, couvert d'énormes ceps de vignes, vous met à l'ombre. Il encadre le jardin, dont le milieu est planté de fleurs et d'arbres très-rares : plusieurs m'ont fait plaisir à regarder, ce sont des arbres à petites feuilles bien serrées, ils sont taillés en forme de niche, et d'autres comme un guéridon : on aurait l'idée de poser des assiettes dessus ; ils ont assez de goût pour les jardins, et leurs promenades sont nombreuses.

Nous allons voir si Valence nous en offrira d'aussi belles.

A onze heures du matin, nous avons quitté Madrid. Traversant, par le fort de la chaleur, d'immenses plaines de blé, on ne passe que dans des villages.

Arganda est l'entrée de la province de Tolède. A
Fuentiduma , on voit les ruines d'un château arabe,
le seul que nous eussions vu jusqu'à Valence. Après
être passés à Balinchon, nous avons dîné à Tarancon.
Sur les sept heures, nous étions heureux d'être dé-
barrassés de la chaleur et de la route, qui ne présente aucun aspect agréable. Mais la province du
Cuença fut bien pire, un véritable désert ; un arbre
devenait une chose curieuse.

Vers la tombée de la nuit, nous sommes passés dans
des chemins de traverse , les mêmes qu'on fait à la
campagne pour charrier les grains. Ils ne se tour-
mentent pas plus que cela pour faire les routes. Nous
faisions des bonds épouvantables ; les ornières, les
trous, rien n'y manque pour vous faire verser.
La route est commencée par places, on n'y travaille
même pas ; on fait à peu près de 60 à 80 kilomètres
à travers champs.

Vers une heure du matin, nous nous sommes arrêtés, pour relayer, devant une maison qui compose
tout le village. Heureusement que la lune nous éclai-
rait, car nous nous disions : «C'est à ne pas savoir
où est la route. »

Sur les six heures du matin, à Valverde, nous avons bu
plusieurs verres de bon lait pour nous rafraîchir, et
nous sommes remontés en voiture. Nous avons alors
traversé, pendant je ne sais combien d'heures, un bois
taillis qui ne nous présentait aucun ombrage, et dont
les chemins tortueux et déserts nous donnaient l'idée de

nous estimer encore heureux de les passer en plein jour.

A Minglanilla, nous avons dîné. Une heure après, nous nous sommes trouvés dans un déluge de montagnes. Nous avons descendu une route se repliant douze fois sur elle-même ; puis nous avons traversé un très-beau pont à l'entrée d'une gorge de rocher ; il a fallu remonter de cette même gorge, se repliant également trente-une fois sur elle-même.

Quand on est à moitié chemin, la route est tellement roide, que, de loin, on pense monter à une citadelle. Arrivé sur le plateau, on redescend encore une seconde fois ; elle se termine à Villargardo.

Jamais nous n'avons vu une route aussi bien faite : partout un parapet interrompu tous les 6 ou 7 mètres par une borne pour l'écoulement des eaux. Je ne vous parlerai pas du point de vue, cela surpasse l'imagination : les montagnes sont amoncelées les unes sur les autres. La fatigue du voyage disparaît dans le vallon de Contreras ; des centaines de chèvres égayaient cet endroit silencieux. Et vous avez vu, je crois, la plus belle route de l'Espagne, c'est sans doute pour cela qu'ils ne la terminent pas, car cette montagne a coûté un argent immense ; on la croyait impossible. On peut dire que si les routes sont très-mauvaises en Espagne, ce n'est pas faute d'avoir donné la preuve qu'ils savaient les faire belles quand ils se mettaient en train.

Nous sommes entrés dans le royaume de Valence à la nuit tombante. J'avais bien envie de sommeiller un peu, c'était la seconde nuit que nous étions en voiture ; mais un jeune Espagnol, avec lequel nous étions dans le coupé, nous raconta que souvent on arrêtait la diligence sur cette route ; qu'il y avait environ deux mois, la malle-poste et la diligence avaient été arrêtées par une bande de brigands armés ; qu'ils avaient fait descendre tous les voyageurs et avaient volé l'argent et les bijoux. Il me dit bien que, depuis, on y avait mis bon ordre, et qu'il n'y avait plus de danger. Effectivement, nous avons rencontré plusieurs fois des gendarmes ; mais cela ne m'empêcha pas de veiller, non pas dans l'espoir de me défendre, mais afin d'avoir le temps de cacher dans la doublure de la voiture les choses les plus précieuses. Aussi je fus bien satisfaite, quand la nuit fut passée. Mes craintes étaient évanouies, et le jour amenait avec lui une route qui nous dédommageait de celle que nous avions eue.

Les oliviers, les grenadiers, les palmiers, tout nous annonçait que nous étions dans le royaume de Valence, ou le jardin de l'Espagne ; les orangers, les fruits, les légumes, tout y est en profusion ; le prix même des hôtels vous indique qu'il faut que tout soit bon marché pour faire une aussi grande différence d'avec Madrid.

Nous sommes arrivés à Valence bien fatigués ; cela faisait quarante-trois heures que nous étions en diligence ; heureusement qu'il n'y manque pas d'hôtels. Ce n'est plus comme à Madrid, et nous sommes ce-

pendant restés dans celui où descend la voiture, appelé hôtel Madrid, l'un des plus beaux ; on y est très-
bien ; tous les domestiques y parlent français.

Valence a bien plus de chance que Madrid pour attirer les voyageurs : les bateaux à vapeur y amènent
beaucoup de monde , et toutes les côtes d'Espagne
peuvent se visiter. Ainsi vous évitez alors ces mauvaises routes, dangereuses sous tous les rapports.

Je ne sais pourquoi Madrid a été choisie pour servir de résidence aux rois, puisque la province de Ségovie est une espèce de désert. On eût pu bâtir cette
ville dans une autre province, de manière à la rendre
accessible aux voyageurs. Aussi vous trouvez peu de
personnes qui voyagent dans l'intérieur de l'Espagne.
A tous les relais, vous êtes entourés de mendiants, et
leurs enfants sont vêtus dans le genre d'Adam et
d'Ève se promenant dans le Paradis terrestre. Cela
ne vous laisse pas une parfaite tranquillité pendant la
route ; sans compter que vous en rencontrez de temps
à autre dont le regard et le maintien vous indiquent
qu'ils ne désapprouvent pas du tout le commu-
nisme.

Toutes ces émotions , jointes aux cahots des voitures, vous font trouver les villes superbes au moment
de votre arrivée. Nous avons commencé par visiter
plusieurs églises ; elles paraissent en assez grand
nombre ; celles que nous avons vues sont infiniment
plus belles qu'à Madrid. La cathédrale est très-
grande ; le portail est d'une riche architecture, et la

porte est de bronze. L'église a trois nefs, mais qui ne se communiquent pas, seulement un peu près du maître-autel.

Les fidèles sont placés plutôt sur les bas côtés. Le milieu de la nef est occupé par les prêtres : dos à dos de leurs stalles sont placés des autels qui font vis-à-vis à celles du tour. L'entrée du côté du portail est fermée par une muraille de marbre, où sont faites en relief, également en marbre, les stations de la Passion de Notre Seigneur. Le milieu est fermé par une très-belle grille. L'extrémité est à peu près dans le même style. Les prêtres communiquent au maître-autel en passant entre deux grilles de la hauteur de 2 mètres ; par ce moyen, ils ont toujours le passage libre depuis le maître-autel jusqu'au portail.

Les piliers, ainsi que les murs, sont en marbre de plusieurs couleurs, à la hauteur d'environ 3 mètres. C'est plus beau qu'en France, mais ce n'est plus le luxe des églises d'Italie.

Après le dîner, nous sommes allés nous promener dans un jardin placé à l'entrée de la ville. Il est très-long et très-étroit ; plusieurs ronds-points entourés de bancs de pierre servent de repos ; une belle volière forme le milieu. Parmi la quantité de fleurs qui embaument cette promenade, il y a des arbres qui ont de grosses fleurs blanches appelées campanas, se rapprochant un peu de la fleur de lis. C'est un arbre que nous n'avons point en France. Cela jette une odeur des plus agréables.

Après nous être bien promenés dans ce jardin, nous sommes rentrés dans la ville, où un beaucoup plus petit, mais assez gentil, sert de rendez-vous à la ville. Il est parfaitement éclairé au gaz ; des chaises sont placées dans la principale allée.

Les dames, à Valence, ne sont plus coquettes comme à Madrid ; les équipages sont peu nombreux et remplacés par une quantité d'omnibus appelés tartanes, à un cheval. La ville n'est pas belle ; presque toutes les rues sont étroites, afin d'éviter la chaleur : une partie a été bâtie par les Arabes et les Maures, qui, autrefois, s'étaient emparés du royaume de Valence. Ils furent chassés par le Cid, qui en délivra l'Espagne : Au moment d'une bataille, le Cid se trouvait très-malade ; il voulut également y aller à cheval, en recommandant que, s'il venait à mourir, il fallait l'attacher dessus, afin que le courage de ses troupes ne soit point ébranlé. Il mourut effectivement sur le champ de bataille, et la troupe ne le sut qu'après avoir remporté la victoire. Corneille, en vantant son courage, n'a fait que son devoir. Toute sa vie n'a été remplie que de traits de courage et de reconnaissance, qualités qui n'appartiennent qu'aux gens de génie. Après sa mort, il fut transporté à Burgos, lieu de sa naissance. Dans une chapèlle particulière reposent le Cid et Chimène. Nous regrettons de ne pas avoir vu le tombeau, surtout étant passés dans la ville.

A Valence, il y a d'assez belles maisons. Les ap-

partements sont carrelés en faïence de diverses couleurs, ainsi que les balcons et les contre-marches
des escaliers. Pour éviter la chaleur et ne pas faire de
jalousies, ils ont tous des paillassons aux fenêtres qui
servent de stores.

Après notre dîner, nous sommes allés à la mer, qui
est à peu près à 4 kilomètres de distance de Valence.
Beaucoup de monde, l'été, vient y prendre des bains.
Tout le long de la route, on ne voit que de petites
maisons de paysans, ne recevant le jour que par la
porte. Tout est couvert en chaume et les murs blan-
chis à la chaux.

Nous avons traversé le village et sommes arrivés
au bord de la mer, dont les flots agités se faisaient
entendre au loin. Cependant il avait fait très-chaud
ce jour-là, et nous eussions pensé trouver la mer bien
calme ; nous ne fûmes pas fâchés de la trouver ainsi,
c'est toujours beau et intéressant à regarder, surtout
quand on a le pied sur la terre, car on n'en a que le
bon côté.

Nous sommes rentrés à la nuit tombante.

Le costume des paysans, ainsi que celui des com-
missionnaires de Valence, ne doit pas être pour eux
d'une grande dépense : ils ont je ne dirai pas une culotte courte, mais plutôt une chemise, à laquelle on
fait un point au milieu qui sépare les jambes ; des san-
dales et une toque sur la tête ; leur peau, brûlée par
le soleil, donne une espèce de blancheur à leur chemise. C'est vraiment amusant de voyager, ne serait-ce

que pour voir leur costume, l'intérieur de leurs maisons et leurs usages.

En passant dans une rue, nous voyons une église appelée celle du Collége, où l'on officiait. Nous entrons ; au moment de prendre de l'eau bénite, le suisse court droit à nous en faisant manœuvrer sa hallebarde, et d'un air qui n'admettait point de réplique. Je demandai à une personne qui parlait français pourquoi il ne voulait pas nous laisser entrer ; elle nous répondit : « Vous, Monsieur, vous le pouvez, mais c'est le chapeau de Madame qui ne leur convient pas, il faut que Madame mette une mantille sur sa tête. » En France, un chapeau a quelquefois de l'influence pour vous faire entrer, mais, à l'église de Valence, il n'en faut pas davantage pour vous faire sortir.

Je ne vois cependant rien dans un chapeau qui puisse leur porter ombrage, à moins qu'ils ne les considèrent comme ceux que l'on plante dans les champs pour effaroucher les oiseaux ou qu'ils craignent de donner des distractions à leurs fidèles. Le fait est que le suisse en eut plus peur que nous de sa hallebarde ; il aura sans doute prié Dieu pour ne jamais en revoir.

On voit peu de chapeaux en Espagne. Dans toutes les villes, ils me regardaient des pieds à la tête comme une sauvage. Soyez donc Parisienne, pour que l'on vous juge ainsi en Espagne !

Les routes sont si mauvaises, que peu de femmes s'y exposent. Nous avons rencontré quelques mes-

sieurs de Paris, mais pas une seule dame. C'est vraiment un voyage trop fatigant.

Pour nous remettre, demain nous partons pour
Barcelone. A deux heures, nous sommes montés en
diligence. En passant par Puzol, Murviedro, on
commence à voir la mer à Almenara, et puis, ensuite,
la route tourne, et vous ne la suivez que beaucoup
plus loin.

C'est très-bien cultivé : on ne voit que des oliviers,
des mûriers et des arbres dont la graine sert de nour-
riture aux chevaux ; les palmiers y sont assez rares.

A sept heures, nous sommes arrivés à Castillon ;
nous y avons dîné. C'est une ville où l'on vient pour
prendre des bains de mer ; ils sont peu fréquentés.
Les villages sont plus rapprochés et plus beaux que
du côté de Madrid, La nuit nous a privés de juger la
route dans toute sa longueur. A Benicarlo, le matin,
nous avons suivi le bord de la mer. A Amposta, l'on
déjeune dans une sale auberge. Au moment où nous
croyions remonter dans la voiture, l'on nous prévint
que nos effets étaient déjà dans une autre. Le fleuve
de l'Èbre se traverse en canot, et une diligence vous
attend de l'autre côté ; c'était la première rivière que
nous voyions en Espagne, et cette fois il n'y avait pas
de pont ; ils en feront sans doute si le fleuve se dé-
tourne ; partout ils ont fait d'assez beaux ponts, mais
sur des rivières presque toujours à sec. L'eau manque
en Espagne : ils sont entourés par la mer et n'en ont
pas dans l'intérieur.

Après avoir passé l'Èbre, nous nous sommes trouvés dans des montagnes arides, dans des plaines remplies de romarins, repaire de serpents ; ce sont des terres incultes où la mer séjourne quelquefois. Nous sommes montés sur une très-haute montagne en forme de labyrinthe, d'où nous planions sur toute la mer. Les diligences sont conduites presque toujours avec des mulets ; ils en mettent de neuf à dix ; les chevaux ne pourraient supporter la chaleur aussi longtemps. Les paysans sont noirs et costumés comme les habitants d'un désert.

A huit heures, on a dîné à Tarragona. La ville est assez grande ; elle a un aqueduc bâti par les Romains, du temps des Scipions. Ponce Pilate, avant la naissance de Jésus-Christ, avait été gouverneur de cette ville, une des plus grandes de la Catalogne. Sur les côtes d'Espagne se rattachent de grands souvenirs. Il a fallu encore repasser une seconde nuit dans la diligence. La route n'est remplie que d'ornières, de trous qui vous font faire des sauts à vous arracher le cœur : on a tous les membres meurtris en sortant de là. Sur les neuf heures du matin, nous sommes arrivés à Barcelone.

Dans toutes ces horribles routes, je me rappelais avec plaisir le temps où ma sœur et moi, pensionnaires au couvent du Grand-Champ, nos bonnes religieuses nous firent faire une neuvaine pour qu'il n'arrivât pas de malheurs à nos parents, se disposant à faire le voyage de Bourges, qui aujourd'hui sert à peine de première station en sortant de Paris. En admettant en plus simplement que la distance, sans s'occuper du danger de l'Espagne, ce ne serait pas seulement une neuvaine qu'il faudrait faire, mais son testament. Barcelone est une grande ville, très-peuplée, bien commerçante et bien bâtie ; un beau boulevard traverse la ville : le milieu sert de promenade aux piétons et les voitures passent de chaque côté. Le soir, c'est éclairé non-seulement par une quantité de becs de gaz, mais, dans le milieu des places, de très-beaux candélabres de dix à douze becs jettent une lumière très-vive. Le théâtre principal est très-beau ; devant la place, des militaires viennent donner des concerts. La musique est très-bonne. A Barcelone, la reine y a une espèce de pied à terre auquel on ne peut donner le nom de château : c'est en petit le palais ducal de Venise, avec cette énorme différence que le marbre est remplacé par de la pierre peinte. En face est la douane où loge le ministre. Le bâtiment est très-grand et surmonté d'une belle balustrade ; sur la même place, la bourse du commerce. Tout cela ne vous intéresse pas comme la mer.

Au bout du boulevard, vous montez en pente douce à une superbe terrasse qui fait le tour du port ; là vous voyez la mer aussi loin que votre vue peut découvrir ; une quantité de vaisseaux sont serrés l'un près de l'autre attendant le moment du départ. Le soir, sur le bord du parapet, nous regardions avec plaisir ces belles lames d'eau se succédant avec fureur

et, après s'être brisées sur les rochers, s'en retourner aussi paisiblement qu'une bombe éclatée, qui
s'éteint aussitôt. Quand la mer est mauvaise, les vaisseaux sont peu en sûreté dans le port, dont l'entrée
est beaucoup trop large ; on doit y remédier, mais
en Espagne les travaux vont lentement : ils ont cependant fait la dépense d'une très-belle promenade appelée les Champs-Élysées ; elle a le droit d'en porter le
nom ; je crois l'avenue plus longue que celle de Paris,
mais beaucoup moins large ; la disposition n'est plus
la même : l'avenue du milieu, éclairée au gaz, est la
principale allée des piétons ; de chaque côté, celles
des voitures, et une autre encore pour les piétons.
De beaux jardins bordent la promenade ; nous nous
croyions à Paris par la quantité de monde. Barcelone
est une ville qui renferme beaucoup d'étrangers ; les
costumes, les usages, tout est mélangé ; on s'occupe
peu l'un de l'autre ; placés sur le bord de la mer, ils
sont à même d'en voir de toutes les nations, et ils ne
s'occupent que de commerce ; ils devraient bien aussi
s'occuper de laisser reposer le voyageur. En Espagne,
ils ont des hommes qui se promènent toute la nuit
pour surveiller les malfaiteurs ; cela ne doit pas être
inutile dans ce pays ; mais où je ne vois aucune utilité, c'est de les faire crier de toute leur force chaque
heure de la nuit et le temps qu'il fait ; c'est une idée
qui n'a pu être conçue que par des gens qui dorment
toute la journée ; elle ne peut s'expliquer autrement.
Vous venez me réveiller pour me dire que je dorme

tranquille, et ensuite pour m'annoncer la pluie ou le beau temps ; mais les deux me sont indifférents quand je dors. Au surplus, le temps ne varie pas assez souvent pour s'en préoccuper ; voici un mois que nous sommes en Espagne, et je n'ai pas encore ouvert mon parapluie ; la sécheresse que l'on trouve partout vous indique que c'est un meuble inutile. Il faudra se résigner à passer ainsi ses nuits jusqu'à la frontière, où nous retrouverons notre repos, nos habitudes et notre monnaie. Il faut être juste, la leur n'est pas trop difficile à compter : le duero remplace nos pièces de cinq francs ; cinq piécettes ou dix demi-piécettes forment un duero ; deux réaux une demi-piécette ; trente-quatre dos cuartos une piécette. Pour passer la monnaie française, il faut perdre 5 p. °/₀. L'or et le papier ne sont pas reçus.

Les Catalans ne sont point ennemis des plaisirs. Dimanche, moyennant une piécette, nous sommes entrés dans un immense jardin où tous les agréments sont réunis : les montagnes russes occupent le milieu; des balançoires de plusieurs formes, jeux d'adresse ; deux pièces d'eau où l'on va en nacelle ; plus loin, une superbe volière qui, par sa hauteur, donne aux oiseaux presque leur liberté ; de plus, un beau bassin où sont des cygnes ; une pelouse égayée par de petites chèvres. La musique se fit entendre et dirigea nos pas vers la salle de danse, construite dans le style chinois. Nous vîmes danser l'espagnola : les figures des danseuses, pour nous, étaient aussi nouvelles que

celles de la contredanse ; c'est très-gracieux. La valse
de Valence demande beaucoup d'attention : chaque
coup d'archet change le mouvement. Nous avons
regardé avec plaisir. Le soir, nous nous sommes promenés dans le jardin, éclairé de tous côtés par des
becs de gaz. Un restaurant et un superbe café font
partie de l'établissement. Sur les dix heures, nous
sommes rentrés.

Le lendemain , nous sommes allés au jardin du
général, dont l'entrée, en forme de demi-lune, est
entourée de pots de fleurs en faïence blanche et placés
en amphithéâtre. Le jardin anglais, parfaitement dessiné, renferme quelques bassins et une jolie petite
pièce d'eau, où sont réunis des cygnes, des pintades,
qui, en sortant de l'eau sur la pelouse, ont chacun
leur petite habitation. Il y a aussi plusieurs grandes
volières. Les bosquets, les quinconces, les monticules,
rien n'y manque pour charmer le coup d'œil ; nous
n'y avons trouvé qu'un seul désagrément, c'est de le
fermer trop tôt. Nous avons alors continué notre promenade sur le boulevard qui longe le jardin, et nous
sommes rentrés par la terrasse qui borde la mer.

Nous avons visité la cathédrale : elle est non-seulement très-grande, mais la hauteur des trois nefs est
remarquable ; l'architecture en est belle ; les chapelles
du tour sont toutes fermées par de belles grilles ; la
nef du milieu est occupée par les prêtres, dont les
stalles en bois, parfaitement sculptées, se terminent
en aiguillettes. L'église souterraine est placée sous le

maître-autel ; mais la largeur de l'entrée y laisse facilement pénétrer le jour. L'on y officiait à ce moment,
Toutes ces églises ont un cachet différent de celles de France.

Nous sommes sortis par un cloître attenant à l'église.
Un carré de jardin, qui autrefois sans doute servait de cimetière, est entouré d'une grande galerie à arcades ;
le long du mur sont placés des autels fermés par des grilles ; les dalles sur lesquelles on marche sont remplies d'inscriptions qui indiquent les personnes qui reposent dessous.

Si toutes les églises étaient entretenues, elles paraîtraient infiniment plus belles ; les Espagnols n'ont point le goût italien pour la propreté des églises.
Tout le luxe est dans les boutiques, où la quantité de becs de gaz, prodigués de tous côtés, rend la ville très-brillante. Le soir, toutes ces rues étroites ressemblent à des passages.

Barcelone est sans contredit la ville par excellence de toute l'Espagne ; ses communications avec la France et la quantité de Français qui s'y sont établis en ont changé la civilisation, et dès aujourd'hui, si tout le monde y parlait français, on se croirait hors la frontière. Nous y sommes restés près d'un mois ;
étant si près de la France, nous avons préféré nous reposer en Espagne, où le doux climat me réussit assez ; la chaleur y est moins accablante qu'en France ;
l'air frais de la mer et le vent qui s'élève de temps en temps vous laissent jouir d'un beau ciel sans nuages.

Nous en profitions pour faire tous les jours, après le dîner, de grandes promenades hors la ville : nous sommes allés, en suivant les contours du port, voir les vaisseaux en quarantaine placés à une petite distance du phare ; nous avons vu aussi plusieurs bateaux marchands remplis de troupeaux de moutons, qui ne demandaient pas mieux que d'en sortir.

A quelques pas plus loin, nous arrivions à la pointe du port, où, sur le bord d'un rocher, l'on découvre la mer de tous côtés. Ses flots, continuellement agités, vous tiennent compagnie ; le regard, la pensée, tout est occupé : on réfléchit, on se fait des demandes à soi-même et sans aucune solution ; l'imagination se perd en réflexions et l'on finit toujours par se dire : Il n'y a qu'un Dieu pour dompter un pareil élément.

Ne pouvant nous rassasier d'un aussi beau coup d'œil, le lendemain nous sommes montés au fort Montjouit. Le commencement de la route, quoique très-rapide, se fait encore facilement ; mais tout à coup le chemin tourne en forme de labyrinthe, et vous vous trouvez plutôt dans un ravin creusé par les eaux, que dans un chemin : il faut gravir des pierres énormes ; mais le grand air vous soutient. Cette montagne servant de digue à la mer, par le point de vue qu'elle vous procure, vous donne le courage d'arriver au fort. Le premier factionnaire franchi, nous avons traversé la cour. Après avoir passé le pont-levis, l'officier du poste nous a donné la permission d'entrer.

Un militaire alors nous a conduits, par une voûte peu éclairée, où le vent s'engouffrait à vous renverser, sur l'esplanade du fort, entourée d'un mur d'appui rempli de meurtrières et de canons. Appuyés sur ce mur, nous avons vu la mer dans toute son étendue : rien ne portait ombrage à nos yeux ; les vaisseaux seuls, dans le lointain, nous empêchaient de confondre le ciel avec l'eau. Devant nous et de chaque côté, nous n'apercevions que la mer ; la hauteur à laquelle nous étions nous plaçait comme sur un cap ; le vent n'y était pas supportable, et comme nous avions excessivement chaud d'avoir monté la montagne, raisonnablement nous avons refusé d'aller dans la tour. Le fort est très-grand et placé de manière à ne pouvoir être pris.

Sitôt sortis, un magnifique coup d'œil se présentait devant nous : tout Barcelone et ses environs se trouvaient à nos pieds ; nous planions sur le port, la terrasse, et nous reconnaissions les édifices publics. A mesure que nous marchions, notre beau coup d'œil diminuait ; aujourd'hui il nous en reste le souvenir. Nous avons suivi le même sentier pour descendre : il y a bien une grande route pour les voitures, mais qui nécessairement ne doit pas être le chemin le plus court.

Nous allons à présent nous disposer à quitter Barcelone ; demain nous partirons à trois heures pour rentrer en France par Perpignan. Malgré tout, le voyage d'Espagne ne peut vraiment pas prendre le

nom de voyage d'agrément ; le voici en résumé : les
routes royales finissent toujours par des chemins tortueux, dont les ornières, faites depuis bien des années,
se chargent seules de vous tracer la route. Il n'est
pas rare de passer dans le milieu des plaines, comme
si la diligence devait ramasser les blés, et ces heureux
passages sont souvent d'une dizaine de lieues ; notez
bien encore que vous ne pouvez aller d'une grande
ville à l'autre qu'en vous résignant à rester en diligence deux ou trois jours, et pour vous affranchir
d'une poussière qui, pendant des mois entiers, ne
reçoit pas d'eau. Vous avez le coup d'œil de beaucoup
de ponts construits sur des ravins à sec. Il y aurait
sans doute moyen de s'arrêter plus souvent : les
villes ne manquent pas ; mais ce sont les hôtels ; avec
un bon appétit, on peut y dîner ; mais y passer la
nuit, la compagnie deviendrait si nombreuse que le
repos serait impossible. Je préfère à ce désagrément
les cahots de la voiture. Il ne faut pas pour cela
croire que dans les grandes villes vous jouissez d'un
bonheur parfait ; les hôtels sont mieux, d'abord par
la raison que l'on a vu pire, et ensuite par tous les
récits et bons renseignements dont vous faites provi-
sion avant de partir ; vous finissez par vous dire à
chaque chose plus ou moins bien : Ah ! oui, l'on m'en
avait bien prévenu ; il semble que ce soit mieux par
la raison seule que vous le savez d'avance.

Puisqu'en Espagne ils n'ont pas de routes, ils auraient dû, les premiers, avoir des chemins de fer ;

d'autant plus qu'ils n'auraient pas plus à regretter
une double dépense que les ornières dont on peut se
passer ; cependant ils ont fait preuve de bonne volonté
en commençant sur plusieurs points. Le plus long est
de six lieues ; réunis tous ensemble ils forment vingt
lieues. Que Dieu veuille pour les voyageurs que le
wagon de Barcelone s'accroche le plus tôt possible à
celui de Madrid ! La distance, en diligence, n'est plus
que de quatre jours ; il ne faut pas désespérer d'y
aller autrement. Et pourquoi se presser ? les châteaux
et les monuments y sont aussi rares que les chemins
de fer.

Pour visiter l'Espagne avec intérêt, il ne faut pas
avoir vu les beautés de l'Italie ; malgré soi l'on com-
pare l'une à l'autre, et la différence en est trop grande
pour ne pas vous rendre exigeant. Puisque l'Espagne
n'a pu lui servir de rivale, il faut admirer chez elle
son beau ciel bleu sans nuages, parsemé de milliers
d'étoiles brillantes, plus beau encore que celui d'Italie, et les chaleurs plus supportables en raison d'un
vent qui continuellement agite les feuilles et donne
de la fraîcheur ; cependant je ne conseille pas aux
dames de venir l'admirer : la fatigue est trop grande,
autant rester sous le sien.

J'ai rencontré quelques voyageurs français, jamais
de Française, et, ce qui est beaucoup plus extraordinaire, pas une seule Anglaise. Dans chaque ville où
nous avons séjourné, nous avons vu un Anglais ; mais
impossible de le compter pour trois, puisque c'était

toujours le même. Nous l'avons rencontré à Madrid, à Valence et enfin à Barcelone ; là, il nous a dit : Je pars ; il n'y a rien à voir ; c'est un voyage très-fatigant. S'il y est venu pour avoir des renseignements, je réponds que ceux qu'il donnera à ses parents et amis suffiront pour ne jamais y venir.

A deux heures et demie, l'omnibus est venu nous chercher pour nous conduire à la gare.

Avant de quitter l'Espagne, nous allons cependant aller en chemin de fer. Nous avons été surpris agréablement : d'abord par la raison que l'on y est beaucoup moins remué qu'en France, et ensuite par le charmant coup d'œil qu'il vous procure ; d'un côté vous ne cessez de suivre la mer, les lames se brisent à quelques mètres des wagons, assis vous vous croyez sur mer ; de l'autre côté, vous avez la vue de villages qui pourraient même passer pour de petites villes. La campagne est très-belle et bien cultivée dans les environs de Barcelone.

Au bout d'une heure, nous arrivions à Mataro, où se termine le chemin de fer ; la ville est assez grande; la malpropreté des rues ne s'harmonise pas avec l'intérieur des maisons qui paraissent toutes très-bien tenues.

Nous avons alors continué notre route en diligence, à laquelle on a attelé dix chevaux de première force, ce qui vous annonce les mauvais chemins : ils n'ont effectivement pas manqué. La couche de poussière qui couvre la route empêche de voir bien des trous que l'on éviterait; faute de le pouvoir, la diligence fait souvent l'effet d'un vaisseau sur mer; mais cela est accompagné de secousses qui vous font digérer facilement vos repas.

Après quelques heures de marche, nous nous trouvions à la pointe d'une montagne, quand tout à coup nous entendîmes un bruit inaccoutumé, la diligence s'arrêta au même instant. La poussière était tellement épaisse qu'elle nous empêchait de rien distinguer et nous crûmes au premier abord que le conducteur attendait que d'autres voitures fussent passées pour éviter de se heurter ensemble. Nous étions loin d'avoir deviné, la route, au contraire, était pour nous beaucoup trop déserte : les huit chevaux avaient rompu leurs chaînes, et s'étaient sauvés au grand galop en laissant la diligence comme un wagon sans locomotive, puisque deux seuls qui nous restaient ne pouvaient nous être utiles que pour courir après les autres; heureusement que sur les premiers était monté un postillon, et nous comptions sur lui pour les ramener quand il pourrait les arrêter. Il eut bien de la peine à s'en rendre maître, et nous restâmes au moins une demi-heure sans connaître le résultat; on s'occupa tout le temps à raccommoder ce qu'ils avaient cassé; enfin nous les vîmes revenir aussi vite qu'ils étaient partis, après avoir fait beaucoup de chemin inutile. Les chevaux espagnols sont très-vigoureux, ils nous l'ont même trop prouvé. Il est rare de trouver en France des chevaux de diligence qui, après avoir

couru deux heures, aient encore l'envie de courir
sans qu'on puisse les arrêter.

A neuf heures du soir, nous sommes arrivés à Ca-
lella, où un dîner assez bien servi nous attendait. La
ville est grande, on y reste une petite heure. Nous
sommes passés aussi à Geronne, ancienne ville qui ne
me paraît pas plus belle que la route, qui pour rafraîchir la diligence, la fait traverser non-seulement
au milieu de beaucoup de mares, mais de plusieurs
rivières très-larges ayant environ un pied de profondeur, c'est plus que suffisant pour rendre le passage
très-difficile et donner beaucoup de tirage aux chevaux ; on arrête plusieurs fois ; ils ne pourraient traverser tout d'un trait. On pourra sans regret continuer
le chemin de fer de Matero, ne serait-ce que pour éviter
tous les courants d'eau.

A Figuières, l'on a déjeuné. La ville est grande,
assez bien, et paraît peuplée, quoiqu'il y règne
souvent de mauvaises fièvres ; mais on a le temps de
prendre son café sans rien craindre ; il faut y séjourner quelques temps pour s'en apercevoir ; l'eau n'y
serait pas bonne pour la santé. La diligence espagnole
s'arrête dans cette ville, elle ne va pas plus loin ; on
reprend alors celle de France avec laquelle nous avons
monté les Pyrénées-Orientales.

Le coup d'œil est imposant : cette route est coupée
au milieu de montagnes et de ravins épouvantables,
les unes arides, les autres remplies de bois et d'arbres
dont on tire le liége. Au milieu de la verdure, des

pierres énormes, soutenues à peine, n'attendant plus qu'un ouragan pour les faire rouler au fond du précipice. Toute cette fortification sinistre et majestueuse ne vous fait point oublier que derrière est cachée cette belle France dont vous êtes fier de faire partie et qui rend si jaloux les étrangers.

A Jonquières, l'on visite les passe-ports ; c'est la frontière espagnole. Nous leur avons fait nos adieux. Depuis près de deux mois que nous parcourons l'Espagne, nos yeux et nos oreilles sentent le besoin de voir et d'entendre les Français.

Nous sommes arrivés enfin à Bellegarde, frontière de la France. Le fort y est superbe. La diligence s'est arrêtée pour la visite des malles. Ah ! combien cela nous semblait bon de n'avoir affaire qu'à des Français ! Nous étions comme surpris de voir que tout le monde nous comprenait, car combien de fois, depuis deux mois, avons-nous rencontré des personnes qui, pour nous, ressemblaient aux sourds et muets ? Enfin, je me disais : Pour parler plus tard, il faut savoir quoi dire, et nous n'aurons que l'embarras du choix. Après la visite, nous sommes partis ; la route nous indiquait de suite que nous étions en France ; les ornières avaient disparu et les montées et descentes se faisaient sans secousses.

A six heures, nous sommes entrés à Perpignan. La ville est fortifiée ; on passe sur un pont-levis ; elle n'est pas belle : les rues sont étroites et courbées pour éviter le soleil ; le pavage est celui de Lyon. Sa gar-

10

nison la rend très-gaie. Je pense qu'il y fait bon
vivre, à en juger par les hôtels, où la table est excellente ; celui de l'Europe, où nous sommes descendus,
est le plus beau ; on y est parfaitement bien. C'est dans
cette ville que mourut Philippe III, surnommé le Hardi,
en allant faire la guerre au roi d'Aragon pour venger
la mort de 8,000 Français massacrés en Sicile. Ce
massacre est appelé les Vêpres siciliennes.

Nous nous sommes hâtés, hier soir, de parcourir
une très-belle promenade éclairée au gaz ; les allées
sont bien couvertes et doivent vous procurer de l'ombrage, ce qui n'est pas inutile dans des pays aussi
chauds.

Le lendemain, nous sommes allés à la promenade
de la Pépinière, grand jardin qui borde la route, et
sans être fermé, il n'en est pas moins bien entretenu :
de longues allées, bien couvertes, traversent le jardin,
lesquelles sont séparées par de petits arbrisseaux mis
en carré. L'eau circule de tous côtés pour rafraîchir
le pied des arbres et donne en même temps une fraîcheur fort agréable à cette promenade ; plusieurs corbeilles de fleurs l'embellissent, ainsi que de charmants
ronds-points formant berceau, entourés de bancs. Nous
n'avons pu nous reposer sous ces heureux ombrages :
le temps nous manque ; nous partons ce soir.

A neuf heures, il a fallu encore se résigner à passer
la nuit pour aller à Montpellier. Nous n'avons pu juger
la route, le temps était obscur. A Narbonne, la diligence est entrée un seul instant pour vérifier sa feuille,

et nous en sommes ressortis de suite. La ville est fortifiée ; le canal de Cette est devant le pont-levis. Peu de temps après, nous sommes passés à Béziers.

La ville paraît gaie, bien bâtie ; au bout du boulevard est le théâtre ; à l'extrémité, la statue de Paul Riquet, ingénieur du canal de Cette. Un très-grand marché est à l'entrée. Nous n'y sommes restés que le temps de relayer.

A Meze, l'on arrête pour déjeuner dans un hôtel qui me rappelait, par sa malpropreté, ceux d'Espagne. Depuis Perpignan jusqu'à Montpellier, la route est très-belle : dès le point du jour, nous admirâmes toutes ces plaines couvertes de raisins et d'oliviers qui, par le bon rapport qu'elles procurent aux habitants, doivent tous les mettre à l'abri du besoin.

A trois heures, nous sommes arrivés à Montpellier et descendus au grand hôtel de Neret : le luxe n'y manque pas. Après le dîner, nous nous sommes promenés dans le jardin de l'hôtel ; nous étions trop fatigués pour aller dans la ville.

Le lendemain, nous avons débuté par voir le Jardin botanique, dont le milieu est réservé pour les plantes. Plusieurs allées, placées en élévation l'une de l'autre, vous conduisent à l'école des vignes, ainsi qu'à la réunion des grands arbres très-rares venant de la Chine, de la Louisiane, de la Russie, en général de tous pays.

En sortant du jardin, nous sommes allés à la cathédrale : deux tours énormes pour la grosseur, se ter-

minant en pointes, soutiennent, à une hauteur très-
élevée, une espèce d'auvent placé au-dessus du portail; c'est la première que nous voyons ainsi. L'intérieur est fort simple. L'école de médecine est attenante
à l'église. Un peu plus loin, nous avons visité la
chapelle Sainte-Eulalie. Quoique bâtie sans aucun
luxe, je leur en sais gré, puisqu'elle porte mon nom.

Montpellier n'est pas gai : les rues sont, pour la
plupart, étroites et mal pavées ; les maisons sont assez
bien. On termine en ce moment le Palais de Justice,
très-bel édifice. En sortant de la ville, on passe sous
une porte formant arc de triomphe, faisant face au
Peyrou, dont l'entrée est par une grille continuée dans
toute sa largeur. Au milieu d'une grande allée est
placé Louis XIV à cheval ; de chaque côté, des corbeilles de fleurs, entourées d'énormes vases de lau-
riers-roses et d'orangers. Plusieurs grandes allées
couvertes longent la promenade, qui vous conduit à
une large terrasse d'où vous avez un magnifique coup
d'œil. Au milieu est un temple en élévation appelé
Château-d'Eau ; on y monte de chaque côté par un bel
escalier à plusieurs paliers, réunissant vingt-quatre
marches ; la balustrade en est superbe et continuée
autour du jardin fait en terrasse ; le temple est entouré
de colonnes crénelées et de six arcades fermées par
des grilles ; au milieu est une source ; au bas du temple, une jolie nappe d'eau ; du côté opposé, vous vous
trouvez sur la terrasse, qui forme demi-lune autour
du temple. Là, votre vue n'a plus de bornes : la ville,

les environs, les montagnes des Pyrénées et des Alpes, la mer, tout est réuni pour vous représenter en un seul tableau toutes les beautés de la nature.

C'est Louis XIV qui a fait faire le Peyrou et le Château-d'Eau ; cette source qui occupe le milieu a deux conduits : l'un donne de l'eau à toutes les fontaines de la ville, et l'autre à la citadelle. Si l'on fermait les robinets, l'eau manquerait à l'instant ; elle sort d'une montagne que l'on aperçoit de la terrasse et met quatorze heures à venir par un petit canal qui se décharge dans un aqueduc bâti par les Romains, qui amène l'eau dans ce temple, le seul qu'il y ait dans Montpellier.

Cet aqueduc est une merveille : cent grandes arcades sont surmontées de cent quatre-vingt-deux autres, qui vont rejoindre le niveau du sol. Dans un sens opposé, cent quatre-vingt-deux petites arcades sont percées au milieu, et l'on se promène dans toute la longueur. Cela étourdit un peu d'abord par le point de vue, et ensuite il n'y a pas de garde-fous : on l'appelle la promenade de Louis XIV. Au-dessus de votre tête passe l'eau dans l'épaisseur de la corniche ; on peut même se promener au-dessus. Tout au bout, nous sommes entrés dans le réservoir, où l'on voit l'eau passer. C'est à peu près fait comme un égout : en se tenant un peu courbé et mettant un pied de chaque côté, on peut y descendre, ce que nous avons fait. En allumant des allumettes, nous avons pu y marcher quelques secondes ; nous sommes revenus ensuite par nos arcades, et à l'extrémité, l'on nous a fait voir,

dans en caveau placé sous le temple, les anciens conduits de poterie des Romains, remplacés depuis deux
ans par ceux en fonte. La porte de bois du caveau date
de 1,050 ans. C'est vraiment une chose des plus curieuses que cet aqueduc; on viendrait à Montpellier
rien que pour cela.

En sortant de l'aqueduc, on se promène autour de
jolis parterres; par de très-beaux escaliers de pierre,
l'on monte dans celui au-dessus, où se trouve le temple. Pour nous reposer les jambes, nous sommes allés
ensuite voir le musée Fabre : il est petit, mais les
tableaux sont très-beaux. Nous y avons remarqué premièrement celui de Caïn et d'Abel tué par son frère
au moment où il sacrifiait à Dieu un agneau; plus loin,
le Jugement dernier : Dieu, au milieu, envoyant ses
anges chercher les justes pour les mener au ciel; au-
dessous, une fournaise d'où sortent des démons, qui
emportent avec eux les méchants. Deux hommes se
tenant ensemble, l'un soutenu par un ange, et l'autre
tiré par les cheveux par le démon, se cramponnant
par les jambes aux épaules du juste dans l'espoir d'aller au ciel.

Nous n'avons plus rien à voir à Montpellier; nous
partons par le chemin de fer à Nîmes, dont la distance
est de 12 lieues. Nous sommes passés à *Lunel*, si
renommée pour ses vins. Leur terrain fertile, secondé
par une bonne culture, ne peut manquer de rapporter.
Toutes ces plaines immenses sont couvertes de vignes
et jonchées d'oliviers qui, par la qualité d'huile qu'ils

doivent en tirer, ne peut que les faciliter à *voir clair à leurs affaires.*

Nous voici arrivés à Nîmes. L'hôtel du Luxembourg, dans lequel nous sommes descendus, par sa belle position, vous laisse entrevoir d'avance plusieurs monuments qui vous indiquent que la ville mérite d'être visitée ; il est placé devant l'Esplanade, magnifique place, entourée d'arbres et d'une balustrade en pierre. Au milieu d'un parterre de fleurs est élevé, par Pradier, une superbe fontaine de marbre, allégorisée pour représenter les quatre rivières du département. En face de l'Esplanade est le Palais de Justice.

Nous avons visité les Arènes, qui, en pètit, se rapprochent du Colysée de Rome. Soixante arcades, fermées par des grilles, occupent de pourtour 400 mètres ; elles sont surmontées de quatre galeries où 24,000 personnes pouvaient se placer, et les escaliers disposés de manière qu'en moins de dix minutes la salle était évacuée. Les quatre portes principales étaient celles de l'Empereur, des Vestales, des Gladiateurs et enfin celle des Martyrs et des animaux sauvages. Le combat se passait ainsi : les gladiateurs se battaient entre eux et les pauvres martyrs étaient placés dans le milieu, exposés à la rage des animaux sauvages. Cette même salle était disposée à recevoir l'eau pour les spectacles nautiques. Tout a été bâti par les Romains bien avant Jésus-Christ.

Les Sarrasins, poursuivis par Charles Martel, qui voulait les chasser de la France, eurent l'idée de s'en-

'ermer dans les arènes ; ¡mais Charles Martel, à l'instant, fit emplir de bois les soixante arcades et y mit
e feu. Malgré cela, tout s'est encore bien conservé :
les murs d'une pareille épaisseur ne peuvent s'é-
crouler.

En suivant le boulevard, nous sommes allés à la
Maison-Carrée, temple dédié au fils adoptif de César.
Ce monument, qui, pour la forme en petit, ressemble
à la Madeleine, a été dégagé il y a bien des siècles ;
il se trouvait enfoui dans la terre à une certaine profondeur. Nîmes renferme de belles antiquités, il
paraîtrait qu'en creusant le sol on rencontre souvent
des restes d'architecture. Beaucoup de bas-reliefs, de
statues, ornent le tour du temple, qui sert aujourd'hui
de musée. Les tableaux sont de grands maîtres : un
des plus beaux est celui où l'infâme Cromwell découvre dans le cercueil la figure de Charles Ier, roi d'Angleterre ; ce n'est point une copie ; l'intérieur de Saint-
Pierre de Rome, Judith, la Samaritaine, etc. Le milieu
du temple est de mosaïques trouvées dans la terre.

En sortant, nous sommes allés, à peu de distance,
visiter le temple de Diane, qui n'est découvert que
depuis cent ans, quoique plus ancien que les arènes ;
il se trouvait, comme tant d'autres choses, enfoui
sous la terre ; tous les ans encore, en creusant autour,
on rencontre des corniches, des tronçons de colonnes,
des statues, que l'on a soin d'aligner dans le temple,
qui n'a guère conservé que sa forme, mais dont presque toutes les sculptures ont été endommagées. Les

colonnes du portique, découvertes depuis peu d'années, sont presque au niveau du sol. C'est dans ce temple que Diane rendait ses oracles. Aujourd'hui, il est trop tard pour en voir davantage.

Le lendemain, nous sommes allés visiter le jardin de la Fontaine bâtie par Louis XV, magnifique promenade, entourée de tous côtés de balustrades, Plusieurs pièces d'eau sont alimentées par une source qui donne de l'eau à toute la ville ; au milieu d'un grand bassin carré, à balustrades supportées par des colonnes, est la statue de Diane, placée en élévation et entourée de fleurs ; aux quatre coins sont couchés des amours ; au bas, de superbes vases. Cette fontaine est vis-à-vis le temple de Diane.

Les monuments se succèdent. Il faut tout voir. Par un bel escalier, vous arrivez à de longues et nombreuses allées formant labyrinthe, vous conduisant à la tour Magne, tellement ancienne que l'on ne peut en connaître l'origine. Elle tient encore assez pour que l'on ait fait la dépense d'un escalier afin de pouvoir y monter. Il y a cent quarante-cinq marches pour arriver à la plate-forme, d'où vous découvrez toute la ville et les environs ; le point de vue vaut la peine d'y monter.

Après être descendus, nous sommes allés voir les anciens aqueducs romains, dont les conduits, bien conservés, vont être mis en activité pour donner de l'eau à la ville, qui en manque quelquefois. En continuant le boulevard, nous sommes passés devant l'ancienne porte d'Auguste ; les arcades se sont aussi bien conservées.

Nîmes est vraiment une petite ville d'Italie pour ses antiquités romaines. Un touriste peut y séjourner avec plaisir ; son temps se trouve occupé en faisant un cours d'histoire romaine. La ville est assez grande, mais mal tenue ; cependant ils ne manquent pas de belles maisons. Le pont du Gard, si renommé, ne se trouve pas malheureusement dans Nîmes ; il faut prendre une voiture tout exprès pour y aller, ce que nous avons fait ; malgré que ce soit à six lieues, il vaut la peine que l'on se dérange.

Ce pont, bâti par les Romains depuis presque 2,000 ans, est ainsi fait : six grandes et larges arcades où passe la rivière du Gard, surmontées de onze de même taille, seulement en plus grand nombre de ce qu'elles vont rejoindre les rochers de chaque côté. Les onze arcades supportent encore vingt-cinq petites arcades, au-dessus desquelles passait l'eau autrefois. Cet aqueduc procurait de l'eau à toute la ville ; aujourd'hui que la source est perdue, il ne sert plus que de curiosité. Par un petit escalier bien roide, nous sommes arrivés à l'aqueduc ; en baissant un peu la tête, nous avons pu le traverser dans toute sa longueur ; le jour y pénètre par quelques dalles qui ont été levées afin que l'on puisse voir clair dedans. Il est malheureux qu'un chef-d'œuvre pareil ne puisse s'utiliser.

Nous sommes redescendus, par de jolis petits sentiers, aux secondes arcades, où nous attendait notre voiture. Tout a été si bien construit que, pour l'utilité de la route, l'on avait besoin d'un pont, et ils n'ont pas craint de l'adosser contre ; les voitures alors passent devant ces onze magnifiques arcades. Il n'y a que les Romains pour construire des monuments qui, au bout de vingt siècles, fassent encore l'admiration des voyageurs ; ce ne sont plus les constructions d'aujourd'hui où la préférence ne se donne qu'au rabais de temps et de qualité ; aussi durent-elles à proportion, et dans l'avenir celles de deux siècles passeront pour des antiquités.

Après être restés une douzaine de jours à Nîmes, nous sommes partis pour Clermont. Tout le long de la route, on ne voit que des mûriers, une des plus grandes productions du Gard. Sitôt arrivés à Saint-Jean, nous avons monté la montagne : c'est là où commencent les Cévennes ; les plus hautes finissent à Florac. Malgré la quantité de montagnes que nous avons vues, celles-ci ont toutes un autre cachet : le précipice occupe le milieu ; la route, tout au haut des montagnes, est à la hauteur de celles qui lui font face ; vous suivez continuellement le bord du précipice sans garde-fous ; la confiance dans la Providence diminue seule le danger.

Presque tout le département de la Lozère n'est rempli que de montagnes couvertes de châtaigniers ; beaucoup de plaines incultes, visitées une partie de l'année par les loups, qui sont en grand nombre dans ce pays désert. Mende est une ville qui fait peu d'honneur au département; on ne se croirait pas dans une capitale ; trop heureux de n'être forcé d'y séjourner que le temps nécessaire pour chercher une tasse de café au lait, que l'on ne peut même trouver à dix heures du matin, sous prétexte que le *lait* manque , quand, au contraire, on se plaint de ne voir que du *laid* partout où tombent vos regards. Marvejols, pour ne pas nuire au déjeuner de Mende, se charge de vous offrir, dans le meilleur hôtel, un dîner que l'on ne peut envier que le jour d'une indigestion. La France, qui possède de si belles routes, devrait bien aussi y joindre de bons hôtels ; car il ne suffit pas de tracer un beau chemin, il faut se reposer, et ce ne serait pas trop exiger que la capitale d'un département possédât un bon hôtel, afin de ne pas être obligé de rester cinquante-trois heures en voiture pour les éviter.

Nous avons traversé l'Auvergne en passant par Saint-Flour ; toutes les autres villes, nous les connaissions jusqu'à Clermont, où nous nous sommes arrêtés une nuit et repartis le lendemain pour aller à Bourbon-l'Archambaud, où nous allons nous reposer en prenant les eaux.

Après être restés le temps nécessaire à notre santé, nous sommes retournés à Moulins, d'où le chemin de fer, en peu de temps, nous a conduits à Blois.

Le temps est encore trop beau pour se décider à rentrer à Paris, et malgré qu'il y ait quatre mois au moins que nous sommes en voyage, on ne peut revenir au moment où commencent les vacances ; il faut, au contraire, nous figurer que nous partons, et nous allons faire une tournée dans le Nord. Demain, nous serons à Vendôme : nous aurions pu aller directement au Mans, mais autant connaître une ville de plus, quoiqu'elle soit fort triste. On s'y arrête pour voir les ruines du château du duc de Vendôme. Si le temps est parvenu à en détruire une grande partie, il n'a pu changer le point de vue d'où l'on découvre toute la ville et les environs ; cela sert de promenade publique. La caserne pour la cavalerie mérite d'être visitée : c'est une des plus belles de France. La cathédrale se rapproche un peu de l'architecture de l'église Saint-Germain-l'Auxerrois. Nous y avons remarqué un très-grand tableau représentant sans doute les arènes de Nîmes du temps des martyrs : au milieu sont placées des femmes exposées à la fureur d'un taureau.

Nous avons passé notre journée à visiter ce que la ville renferme de curieux, et le soir, à dix heures, nous sommes partis pour le Mans, en passant par Moutoire-Saint-Calais. Le clair de lune nous a permis, je ne dirai pas d'admirer les villages, mais seulement de les voir ; la route départementale est assez champêtre.

Vers sept heures, nous arrivions au Mans. Les maisons y sont belles, les rues droites et bien pavées, mais la tristesse règne partout ; le cachet de province ne respecte même pas les capitales. Est-ce le monde qu manque ou la gaieté dans le caractère ? Chacun reste che soi et les promenades semblent n'être faites que pour les étrangers, qui, seuls dans une allée, finissent par se croire dans leur jardin.

La ville ne s'est pas ruinée pour les promenades. Une seule, appelée celle des Jacobins, réunissant quelques allées couvertes, fait tout son agrément. Un seul jour suffit pour voir le Mans. La cathédrale est très-belle ; il y a trois nefs à l'entrée de l'église et cinq à compter du chœur, dont les stalles, en bois sculpté, représentent la passion de Notre Seigneur. Dans la petite chapelle Saint-Pierre se trouve le sépulcre parfaitement rendu : il se rapproche un peu de celui de Bourges. Nous n'avons plus rien à faire ici ; nous partons pour Laval.

Sitôt arrivés, nous avons jugé la ville trop triste pour y séjourner, et comme il n'y a à voir que les restes du vieux château de la Barbe-Bleue, nous avons profité de la diligence qui repartait après le déjeuner pour continuer notre route jusqu'à Rennes, où peut-être aurons-nous plus de chance. Les choses curieuses ne se disputent pas le terrain de ce côté ; c'est pour connaître tous les départements que l'on en fait le voyage, afin de pouvoir faire la différence des uns aux autres.

Rennes est une assez belle ville, bien bâtie ; plusieurs grandes places ; les rues sont droites et bien pavées. On y remarque beaucoup de petites chapelles, éclairées par deux bougies, placées au premier devant es maisons. Pour afficher ainsi la religion, ils n'au-

raient pas dû mettre autant de simplicité dans la cathédrale, qui, sauf la grandeur, ressemble à une église
de village. La mairie et le théâtre sont bien bâtis ; le
palais de justice est très-grand : quatre chambres des
assises sont ornées au plafond de magnifiques peintures ; une entre autres est extraordinaire : la Justice
s'appuyant sur la Religion ; au bas la Force chassant
le Mensonge représenté par un homme tenant un
masque à la main. Vous le regardez à droite ; vous êtes
placé positivement devant lui, vous fixez ses yeux et
voyez sa poitrine à découvert ; vous passez à gauche,
et, comme s'il se fût retourné, sa figure et sa poitrine
sont encore placées comme à droite ; le masque qu'il
tient seul est changé : les peintres eux-mêmes sont
étonnés en le regardant. Dans une autre chambre, au
centre, la Justice et les trois vertus théologales : la
Foi, tenant une espèce de vase d'où s'échappe le feu
divin ; l'Espérance, une ancre dans les flots, et la Cha-
rité, un génie, découvrant son sein, s'offre à tous les
malheureux.

En sortant du palais, nous avons été au musée : une
seule salle renferme tous les tableaux. Nous y avons
remarqué celui de Duguesclin, au moment où Charles V
lui fait remettre le bâton de connétable ; en face, un
autre où il est prêt à rendre le dernier soupir, au siége
de Randon. Le tableau de saint Roch est très-beau et
touchant : on le voit enchaîné, mourant de la peste ;
à ses pieds, son chien lui apporte du pain. Ce sont des
tableaux de grand prix.

Ensuite, nous sommes allés voir le Thabor, très-belle promenade au milieu d'une pelouse, où est placée la statue de Duguesclin, en face une petite colonne. Afin de rendre leur promenade plus accidentée, on a creusé une longue et large allée appelée l'Enfer ; cette terre a été déposée autour ; le terrain, alors beaucoup plus élevé, a été planté de beaux arbres dont les allées sont bien couvertes ; un superbe chêne, ayant près de mille ans, se fait remarquer par sa grosseur et sa fraîcheur. A la suite est le Jardin botanique. D'un petit labyrinthe, vous apercevez tous les environs. A l'extrémité, une large allée formant terrasse vous procure une aussi belle vue.

Rennes vaut encore la peine de s'y arrêter. Les deux jours que nous y avons passés ont été occupés et nous encouragent à visiter la Bretagne : nous allons aller à *Lorient*, mais non en *Orient*. Le voyage est moins pénible, il est vrai ; aussi les souvenirs sont bien différents. Il ne faut jamais désespérer de l'avenir : nous avons vus *Madrid* près Paris avant de le voir en Espagne ; il ne faut donc pas dire : Fontaine, je ne boirai pas de ton eau. Commençons d'abord par aller à Lorient.

La route est belle et presque toujours au milieu des bois. Nous sommes passés à Loudéac et Napoléonville. Baud est une petite ville qui renferme une quantité de pauvres ; son nom est loin de s'accorder avec les habitants.

Arrivés à Lorient, nous avons été surpris de trouver

une petite ville aussi gaie ; elle est fortifiée et aux trois quarts entourée d'eau ; c'est une presqu'île. Le port est bon à visiter dans tous ses détails ; moyennant une permission, l'on nous a conduits dans les ateliers servant à la construction des vaisseaux et de l'artillerie depuis les affûts, les canons, les boulets, les chaudières et même les mesures de poudre ; la salle d'armes renferme dix mille fusils. Sur le port, nous avons vu une avenue d'ancres, de canons et de boulets parmi les vaisseaux en construction. Nous nous sommes promenés dans la cale d'un vaisseau de guerre ; c'est là que l'on peut se rendre compte de sa hauteur.

Après être restés environ trois heures dans le port, pour nous reposer, nous sommes montés, par un très-haut labyrinthe, à la tour des signaux, qui compte 228 marches. Le coup d'œil vous fait oublier la fatigue : l'île Saint-Michel est presque à vos pieds ; avec une longue-vue vous découvrez parfaitement l'entrée du port Louis et Kernevel en face, qui, comme un détroit, forme l'entrée de la rade. Vous apercevez la mer dans toute son étendue, et sans porter aussi loin vos regards, vous voyez toute la ville et les immenses bâtiments du port.

Nous étions bien fatigués d'avoir passé la nuit en voiture ; mais pour ne rien manquer, nous avons même visité la caserne et assisté à une leçon de maître d'armes. Demain nous allons encore passer la nuit en diligence pour aller à Brest.

La route est belle ; il est malheureux de n'y voir

que des terres en friche et les paysans dans une aussi
grande misère. Les villages ressemblent à ceux de
l'Espagne pour le manque de propreté ; mais ils sont
beaucoup plus fautifs, n'ayant pas à redouter cet excès
de chaleur, ils peuvent travailler avec courage. Dans
cette partie de la Bretagne, on se croirait environnés
de sœurs du Pot ; leurs bonnets en ont tout à fait la
forme, surtout dans les villes, où elles les portent
blancs ; dans les villages, même forme en noir.

Nous nous sommes arrêtés à Quimper simplement
pour dîner. La ville est horrible à l'entrée ; mais cependant l'on aperçoit quelques belles rues, qui indiquent un quartier mieux bâti.

Sur les cinq heures du matin, nous arrivions à
Brest, presqu'île fortifiée par deux ponts-levis. La
ville est bien bâtie ; ses rues, droites et larges, sont
tellement rapides, que plusieurs ont des marches.
Elle est assez gaie, bien peuplée, et possède de très-
beaux magasins.

Nous avons employé notre première journée à visiter la caserne maritime. Le bâtiment et la cour sont
immenses. Les marins faisaient l'exercice. De là nous
sommes allés à l'hôpital de marine visiter la lingerie.
Une des sœurs nous a fait entrer dans une longue galerie où, sur trois façades, sont faites des armoires
non-seulement de chaque côté, mais sur deux hau-
teurs, où l'on communique par une galerie formant
balcon. Chaque armoire renferme des chemises par
sept à huit cents ; les bonnets de coton occupent

seuls une armoire. Expliquer le goût avec lequel les draps, les serviettes, tout le linge est aligné, est impossible à décrire ; la manière de les poser forme un dessin différent : en peinture, on ne pourrait mieux faire.

Ensuite, nous sommes allés voir le bagne. La tristesse des cours, l'épaisseur des murailles, les fenêtres à barreaux croisés, tout inspire la terreur. Cependant nous sommes entrés. Un commissaire, dont le bureau est à l'entrée, moyennant votre passe-port, vous fait conduire dans les salles, où sont encombrés tous les forçats. Quatre grandes salles, fermées par de fortes grilles, servent de dortoirs. La plupart sont enchaînés la nuit ; le jour, ils sont occupés à travailler sur le port. Quand ils rentrent, ils sont fouillés. Malgré qu'ils savent qu'il est défendu de rien ramasser, le besoin de voler les pousse à rapporter même des petites pierres ; ils donnent pour raison qu'ils n'ont pu trouver autre chose et que c'est plus fort qu'eux. Aussi combien en voit-on avec une manche jaune, ce qui indique qu'ils sont là pour la seconde fois. Le nombre en est bien diminué, par la raison que beaucoup demandent à aller à Cayenne.

Pour visiter le port, il faut une permission, que l'on obtient facilement moyennant son passeport. Un gendarme nous a ensuite conduits partout.

Dès que vous avez franchi la porte, vous êtes émerveillés du coup d'œil : le port est environné de rochers qui, par leur hauteur, lui servent de fortifications. Le terrain, accidenté facilite tous les genres d'ateliers et bâtiments à jouir du même point de vue.

Après être passés devant le bagne, nous sommes entrés dans la corderie, dont la longueur est de 400 mètres; la filature est placée dessous. Plus loin, nous avons vu l'atelier où se font les voiles. Devant tous ces bâtiments sont placées des haies de canons, d'ancres, de boulets, de chaînes et de bois de construction.

Dans une espèce de remise fermée est relégué le canot de Louis XVI.

Après avoir visité plusieurs ateliers, nous avons traversé l'eau dans un petit canot qui nous a conduits à la fonderie, où l'on coule tout ce qui sert à la navigation. Les ateliers sont immenses; les fourneaux allumés ressemblent à des gouffres; celui où se fondent les chaudières ne devrait être visité que par des sourds-muets. La description de chaque atelier serait à l'infini, puisqu'il nous a fallu quatre heures pour visiter le port, en marchant d'un pas que la curiosité peut seule vous donner.

Beaucoup de vaisseaux sont en construction. Il y a une cale couverte, mais qui ne peut servir qu'à un seul; aussi, quand ils sont dans le bassin, on met dessus une toile peinte qui sert de toit jusqu'à ce qu'ils soient prêts à partir. La salle des modèles est très-instructive: non-seulement vous voyez en petit tous les vaisseaux de chaque nation, mais l'utilité de cha-

que chose soit pour jeter l'ancre et arrêter la chaîne
à volonté, la manière de donner de l'air dans la cale
et toutes les précautions qu'exige un vaisseau. Ceux
de la Chine ont un peu la forme des gondoles de Venise.

Plus loin, nous sommes entrés dans la salle d'armes. La galerie contient vingt mille fusils et bien
d'autres armes servant pour le service maritime ; de
longues piques ; des haches à deux côtés, l'un servant à couper des cordages, et l'autre à faire des trous
dans le vaisseau ; des poignards à quatre tranchants ;
enfin toutes les armes utiles en cas de guerre pour se
défendre de l'ennemi. Au milieu de la galerie, ils ont
formé une petite chapelle, en plaçant toute espèce
d'armes de manière à en former des murs et une grille
devant. Un rideau rouge, placé derrière toutes ces
lames brillantes, au soleil, fait un très-bel effet.

Après avoir marché encore quelque temps le long
du port, en admirant toujours leurs beaux vaisseaux,
nous avons traversé un pont de bateaux et sauté sur
plusieurs pontons et radeaux, qui n'étaient pas de
même hauteur, pouvant compter, pour l'épaisseur,
de trois grandes marches à franchir.

Quand on veut tout voir, il faut de bonne jambes
et du courage.

Le port de Brest mérite bien la fatigue qu'il vous
donne à le visiter. C'est le plus beau et le plus grand
que nous eussions en France, et l'on travaille encore
à son agrandissement.

Les forçats sont occupés, dans ce moment, à faire sauter la mine. Car le port, comme toute la ville, est bâti sur le rocher ; vous y trouvez des escaliers de quatre-vingts marches , ainsi que dans quelques rues de la ville.

La rade de Brest est magnifique. Nous sommes allés sur les remparts admirer le coup d'œil de la mer, et puis, par une espèce de labyrinthe taillé dans le rocher, nous sommes arrivés à l'entrée d'une immense caserne occupée par la troupe de ligne. Nous l'avons traversée et sommes entrés dans la ville , en demandant le chemin le plus court pour aller nous reposer à l'hôtel.

Au bout de cinq heures de marche, on partage volontiers la même idée.

Nous nous promettions bien de retourner voir la rade ainsi que leurs promenades ; mais, à Brest, il y pleut malheureusement toujours ; les beaux jours y sont rares, surtout dans cette saison, et nous sommes forcés de l'abandonner.

Dans l'espoir d'un meilleur temps , nous partons pour Saint-Brieuc , en passant par Landerneau, Morlaix, Guimgamp et enfin Saint-Brieuc, où nous sommes arrivés sur les sept heures du matin.

La ville est très-mal bâtie et fort sale ; cela ne vaut même pas la peine de s'y arrêter. Ils ont une promenade qui forme boulevard : au bout, un grand carré couvert d'arbres. A la suite, on trouve un rond-point entouré d'arbres , d'où on a une belle vue. On voit parfaitement la mer et les jolis coteaux qui entourent Saint-Brieuc. La vie doit y être bon marché.

·Dans une autre ville nous allons encore porter nos pas.

Aujourd'hui, nous sommes arrivés. A Saint-Malo, en passant par Lamballe, de très-loin on aperçoit une belle église par laquelle, moyennant un très-long souterrain, on communique au château de Lamballe, appartenant autrefois à la pauvre princesse de Lamballe, victime, à la Révolution, de l'amitié qu'elle portait à la reine Marie-Antoinette.

Mais oublions ces moments de terreur dont, heureusement, nous ne connaissons que le récit, et jetons un regard sur tous les beaux châteaux que le terrain accidenté vous permet de découvrir de très-loin.

Arrivés à Dinan, nous avons profité de quelques heures que nous avions devant nous pour aller voir le viaduc, un des plus beaux que nous ayions en France. Il y a onze arches; celles du milieu ont au moins 23 mètres de hauteur. Étant dessus ce pont, vous avez un coup d'œil magnifique : Sous vos pieds, la rivière chargée de bateaux marchands, les quais et une partie de la ville ; à la hauteur du viaduc, la ville et de magnifiques propriétés bâties sur de jolis coteaux.

Nous sommes remontés en diligence et passés sur le viaduc pour suivre la route de Saint-Malo, où nous sommes arrivés à cinq heures.

L'entrée de Saint-Malo est par un pont-levis ; c'était une île autrefois ; mais, par le moyen de terres rapportées, on a formé une chaussée servant de passage aux voitures. Les maisons sont bien bâties.

Nous avons fait le tour de la ville sur les remparts, qui, par leur hauteur, servent de digues à la mer et de fortifications en cas de guerre.

C'est une promenade très-longue et fort agréable. Vous planez de tous côtés sur la mer, et reposez vos yeux sur une quantité d'îles, de forts, qui rendent l'entrée de Saint-Malo assez dangereuse pour l'arrivée des vaisseaux.

Sitôt la mer retirée, nous somme allés au fort Impérial, servant de prison militaire ; de là nous sommes allés nous promener sur la jetée, dont l'extrémité est occupée par le phare.

Nous attendions avec impatience que la mer fût retirée du fort Châteaubriand, et, pour nous reposer, nous ramassions de jolis coquillages que chaque lame d'eau amenait à nos pieds.

Sitôt que le passage fut un peu praticable, nous traversâmes en sautant d'une pierre sur l'autre, et nous arrivâmes au rocher. Un escalier de quarante marches, taillé dans le roc, vous conduit d'abord à une montée assez rapide ; puis, après avoir traversé devant une grande maison inhabitée, vous voyez, sur la pointe du rocher, et placé au bord d'un énorme précipice envahi par la mer, le tombeau de M. Châteaubriand. Une simple pierre, surmontée d'une croix

entourée d'une grille, forme sa dernière demeure.
Né à Saint-Malo, il a désiré que la ville qui lui avait
donné le jour le reçût après sa mort. Souvent la mer,
déchaînée, venant briser ses flots autour de son tombeau, ne peut parvenir à troubler son repos. Seul,
isolé dans la mer, il n'est point oublié sur la terre :
ses ouvrages perpétueront sa mémoire, et ses amis
jusqu'à la mort le regretteront!

Après avoir fait notre prière, nous sommes descendus du rocher. Le vent était excessivement fort, et
puis on craint toujours que la mer n'envahisse le passage et qu'on n'ait pas le temps de venir jusqu'aux
remparts, ce qui arrive quelquefois aux personnes imprudentes : on est obligé, alors, d'aller les
chercher en bateau.

Pour éviter toutes ces mésaventures, nous étions
rendus à l'hôtel bien avant que la mer ne fût arrivée.
Nous avions besoin de nous reposer, après cinq heures de marche.

On ne peut venir à Saint-Malo sans aller au rocher
de Cancale, situé à 16 kilomètres plus loin.

Vers midi, nous sommes partis en calèche, par un
soleil magnifique qui nous rappelait celui d'Espagne,
et une jolie petite route faisant allusion à celles de
Suisse.

Arrivés au village de Cancale, nous sommes descendus de voiture. La mer commençait à baisser, et,
pour éviter de nous embarquer de si loin, nous avons
préféré aller le long de la plage, en suivant tous ses con-

tours. Pendant au moins trois quarts d'heure, il nous a fallu marcher sur des galets, monter et descendre sur d'énormes rochers remplis de cavités, qui, un instant avant, étaient couverts par la mer. Elle avait beau se retirer, il fallut, quand nous fûmes en face le rocher de Cancale, se décider.

Nous montâmes dans un petit canot. La mer était bien calme, et le rocher semblait être près de nous ; mais plus nous approchions, plus les flots devenaient forts. Le vent augmentait, et le rocher paraissait fuir à mesure que nous avancions. Comme on ne peut y monter, qu'il fallait encore un quart d'heure pour y arriver, et que nous n'eussions pu en voir davantage, raisonnablement nous sommes retournés.

Nous étions seuls avec un marin et deux gamins de huit à neuf ans, n'ayant dans le canot ni voile, ni rames, pas seulement un seau pour le cas où l'eau serait entrée dans le canot ; ils le faisaient avancer moyennant un aviron, qui, par le mouvement que cela lui donne sans cesse, pourrait être seul la cause de vous faire chavirer.

Il faut savoir s'amuser, mais avec prudence, si on n'est pas dégoûté de la vie ; et comme nous partagions cette idée, nous avons communiqué nos craintes à notre batelier. Sans nous effrayer, il nous répondit : « Vous voyez aussi bien là que tout près ; plus nous approcherons, et plus le vent et les flots deviendront forts..... C'est comme vous voudrez ! »

La réponse ne se fit pas attendre. Je lui dis : « Ramenez-nous sur la côte la plus près. Mais son canot n'était pas assez fort pour pouvoir couper court, et nous fûmes obligés de rester un peu plus de temps. Au bout de trois quarts d'heure, nous mettions le pied sur un rocher, bien contents d'en être quittes pour la peur. Une autre fois, nous serons plus prudents.

Nous nous sommes promenés sur la plage bien longtemps, ramassant des coquillages plein nos poches : nous attendions que la mer fût retirée pour aller voir les parcs aux huîtres de Cancale.

Quand les pêcheurs en ont ramassé une certaine quantité, pour les conserver fraîches et leur laisser le temps de grossir, ils les déposent dans des bassins creusés dans la mer, qui ne sont jamais à sec ; puis, quand la mer se retire, des femmes, avec de grands paniers, vont en prendre selon la quantité dont elles ont besoin pour les expédier dans tous pays.

Nous sommes allés avec ces femmes : c'était encore bien mouillé ; mais elles ont mis des paniers pour servir de pont, et là nous avons vu des huîtres comme on voit des cailloux sur la plage.

Sans cérémonie, sur le bord d'un rocher, nous avons mangé notre douzaine d'huîtres, bien persuadés que le *Rocher de Cancale* de Paris, malgré sa réputation, ne les donnait pas aussi fraîches que celles que nous avons mangées.

Notre rocher en face la mer valait bien ses salons.

La nature, le champêtre a quelque chose qui réjouit toujours le cœur.

Il était près de cinq heures quand nous sommes remontés en voiture. Le soleil nous avait éclairés en allant, et la lune apparut pendant que nous étions sur la route de Saint-Malo. Un temps commandé par nous n'eût pas été plus agréable.

Nous avons employé notre troisième journée à visiter le château de Saint-Malo, bâti, il y a environ 350 ans, par la duchesse Anne, reine de Bretagne.

Ce château présente la forme d'une voiture; il est entouré de tous côtés par d'énormes remparts remplis de meurtrières, qui, par leur hauteur, cachent entièrement ce château, mais où l'on peut dire être en sûreté, car il est imprenable. Jamais nous n'avons vu de château-fort aussi compliqué; il est tellement bien bâti, que rien n'est encore dégradé.

Nous sommes montés dans le grand donjon; il compte cent soixante-sept marches, mais non la hauteur de chaque. Arrivé sur la terrasse, on découvre toute la ville et la mer, qui, de tous côtés, environne le château.

Nous avons aussi regardé dans la cour tous les canons, et nous sommes allés plus loin visiter le port marchand.

Beaucoup de vaisseaux sont rangés l'un près de l'autre; les uns apportaient des peaux, de la morue, du bois; d'autres, au contraire, partaient pour l'Angleterre chargés de pommes. On mettait dans le fond

d'un vaisseau des vaches, que l'on enlevait au moyen
d'une poulie en les soutenant avec des gros cordages
jusqu'au fond de la cale.

Saint-Malo est vraiment gentil à visiter ; aussi,
dans la saison des bains, il y vient beaucoup d'étrangers.

Nous avons à peu près tout vu, et nous allons aller
à Granville.

Entre Pontorson et Avranches , nous avons aperçu
le mont Saint-Michel à 12 kilomètres en mer. Beaucoup de détenus politiques y sont renfermés.

Avranches est une jolie petite ville de rentiers, où
nous n'avons fait que passer.

Nous espérions arriver au jour à Granville et pouvoir admirer le coup d'œil de la mer ; mais il faisait
nuit à notre arrivée. Après avoir dîné , nous nous
aperçûmes que la lune commençait à se lever ; alors,
protégés par sa clarté , nous allâmes avec un voyageur nous promener le long du port jusqu'au phare,
placé à l'extrémité d'une très-longue jetée. De là
nous sommes allés dans la ville , en montant beaucoup de marches et une avenue très-rapide qui sert
de boulevard , d'où vous avez une vue magnifique.

La ville est toute bâtie sur le rocher. Dans le bas
sont seuls les faubourgs. Un énorme rocher a été
coupé pour communiquer à la mer, ce qu'ils appellent la Tranchée ; c'est sinistre à traverser la nuit, et
la mer à vos pieds,

Nous avions à peu près tout vu. Nous sommes retournés à l'hôtel et repartis à trois heures du matin.

Les diligences ne connaissent que leur service et leurs commodités, et non le repos du voyageur. Nous sommes passés à Coutances, ville bâtie en amphithéâtre, où reste l'évêque, malgré que cela ne soit pas un chef-lieu. Ensuite Carentan, c'est le cas de dire : On ne peut voir Cherbourg avant *quarante ans*, puisque Carentan est la seule route pour y arriver.

Que de formes de bonnets depuis Lorient ! Chaque village veut avoir le sien : là c'est une coiffure comme les sœurs du Pot ; plus loin, une forme pain de sucre ou queue de coq ; à Saint-Malo, le serre-tête à l'envers ; les élégantes ont en plus une bande de gaze retroussée sur les oreilles. Je suis tentée de croire qu'il y a un prix pour celle qui invente le plus laid, Ils tiennent tellement à leur forme de bonnet, que leur coiffure vous indique le pays.

Mais, en quittant la Bretagne, le bonnet de coton vient nous annoncer que nous entrons en Normandie.

Le Normand est d'une nature économe. Sa moitié, pour ne faire aucune différence, se coiffe comme lui d'un bonnet de coton ; et, pour varier les formes sans les multiplier, chaque village l'enfonce plus ou moins, selon la fraîcheur du climat.

Quand les pauvres viennent aux relais vous demander, vous ignorez si vous assistez l'homme ou la femme.

On voyage pour voir du nouveau; il faut alors
leur savoir gré de nous distraire tout le long de la
route, d'autant plus que nous ne sommes pas forcés
de les admirer, mais libres de les regarder.

Je ne sais si tous ces bons Normands ont le bras, à
proportion, aussi long que leur *Manche*. Si, pour en
douter, je cesse d'être dans leurs petits papiers, ils
ne m'empêcheront toujours pas de passer dedans,
puisque me voici arrivée à Cherbourg.

La ville n'a rien d'extraordinaire Les rues sont
larges, mais sales et mal pavées; le boulevard qui
forme l'entrée est assez long. Malgré la pluie, nous
somme allés jusqu'au bout de la jetée admirer tous
les vaisseaux faisant partie de l'escadre, et qui se
trouvaient en ce moment réunis dans la rade. Ils
semblaient être près de nous, et cependant ils étaient
au moins à 4 kilomètres de distance. Ce qui doit
donner une idée de la grandeur de la rade est
la longueur de la digue, qui a presque 8 kilomètres ;
un fort, placé au milieu de l'entrée de la digue,
forme séparation pour les vaisseaux qui arrivent
du Nord ou du Sud : elle a été commencée sous
Louis XVI, et a coûté immensément d'argent à construire, par la difficulté qu'on a eue à combler 50 pieds
de profondeur en mer. C'est la plus belle digue que
nous ayons en France.

Le port marchand est grand, mais moins animé
que celui de Saint-Malo.

Pour décharger leurs vaisseaux, ils ont un bassin à

flot ; par ce moyen, quand la mer se retire, ils ferment l'écluse, et l'eau est toujours de même hauteur.

Nous allons, à présent, nous occuper d'une permission pour visiter le port maritime.

A dix heures du matin, nous étions à l'amirauté ; on nous donna une permission pour visiter le port, mais non pour entrer dans les ateliers, car il faut, pour cela, faire une autre demande au préfet ou connaître un officier.

Le temps nous manquait pour satisfaire à tant de formalités, et nous entrâmes d'abord dans le port. Une fois l'entrée franchie, nous allâmes droit à la direction de l'artillerie. Un monsieur eut la bonté de nous faciliter l'entrée de la salle d'armes, où sont renfermées toutes les armes servant à l'armement des vaisseaux. Les fusils, comme partout, sont posés sur de très-longs rateliers, qui en contiennent en tout quinze mille. Autour des murs sont placés des sabres, pistolets et autres, faisant, entre chaque fenêtre, soit un palmier, un soleil, une croix, même une comète.

En descendant toujours dans le même bâtiment, nous sommes entrés dans plusieurs ateliers d'affûts : les cours étaient remplies de bombes et de boulets de canon.

De là nous sommes allés à la mâture. Les quatre-mâts ont chacun 100 mètres de haut : ce bateau n'est point à demeure comme les autres mâtures.

Sur le port, nous avons vu des cylindres pesant 9,500 kilogrammes.

Il s'agissait ensuite d'entrer dans la forge. Partout, aux portes des ateliers, était écrit que l'on ne devait point entrer sans permission. Comme on croit que vous en avez une, nous avons essayé d'entrer, et cela nous a réussi.

Dans la forge, nous avons vu des chaudières d'une grosseur incroyable. Devant cette même forge, on construit un immense bassin ; les ouvriers étaient en train de faire sauter la mine.

Nous nous trouvions dans la corderie, et, par les fenêtres, nous avons vu parfaitement les pierres sauter de tous côtés et le feu sortir du rocher : c'était un petit mont Vésuve.

La corderie a au moins 67 mètres de long.

Devant le bâtiment appelé la Garniture sont rangées une quantité d'ancres de première force, pesant 5,000 kilogrammes.

En traversant plusieurs ponts, nous sommes arrivés aux quatre cales couvertes ; sous l'une d'elles est *le Tilsit*, vaisseau à vapeur de 90 canons. Plusieurs autres frégates étaient en construction.

En suivant tous les contours du port, nous sommes arrivés sur un rempart d'où l'on découvrait parfaitement la digue et tous les vaisseaux de l'escadre. Le gardien nous prêta la longue-vue qui sert à reconnaître les pavillons de loin.

Nous allâmes ensuite à la salle des modèles. Parmi

ceux qu'on nous fit voir, je remarquai la frégate *la Reine Blanche*, partie pour Taïti : Rien ne manque à ces petits modèles, tout est imité. Dans la cale, à chaque extrémité , est renfermée la poudre dans des caissons ; au milieu de la cale, des tonnes de vin et l'eau dans des tonnes en fer ; au-dessus, la chambre du commandant, celles des officiers , des élèves, des marins ; à l'extrémité, l'hôpital ; puis , au-dessus de tous ces dortoirs, la batterie couverte, où sont les canons ; sur le pont, il y en a également ; c'est alors la batterie barbette. Neuf nacelles sont attachées à la frégate : c'est calculé pour pouvoir, en cas de malheur, sauver tout l'équipage à la fois.

On passerait toute sa journée à regarder tous ces petits vaisseaux.

Nous avons visité encore plusieurs ateliers, dont la description serait trop longue.

Dans le port de Cherbourg, tout est grandiose. Les bâtiments des administrations ressemblent à des châteaux ; les ateliers sont vastes ; le port a au moins 8 kilomètres de tour ; près de quatre mille ouvriers y sont constamment occupés.

Voici cinq heures que nous nous promenons dedans. Nous avons vu le plus curieux. Nous allons rentrer nous reposer, car demain nous passerons encore la nuit pour aller à Caen.

A deux heures de l'après-midi , nous quittions Cherbourg, et, le soir, à dix heures, nous passions à

Saint-Lô. La diligence s'y arrête une heure. Cette ville n'a rien de remarquable.

– Dès la pointe du jour, nous arrivions à Caen, satisfaits de trouver une jolie ville. Les maisons sont belles ; les rues droites, garnies de trottoirs, et de beaux magasins. Tous les édifices publics sont très-beaux ; le Grand-Cours-la-Reine, très-belle et longue promenade, longe la rivière d'un côté, et de l'autre entoure une immense prairie, où serpente un bras de cette même rivière ; à l'extrémité de cette promenade est bâtie une belle filature de coton. Le propriétaire a fait faire un très-grand barrage, dont le trop-plein retombe dans la rivière en forme de cascade. Cela fait un si joli effet que nous nous croyions un instant transportés en Suisse. Mais, puisque nous en sommes privés, sachons nous contenter du présent.

En passant devant la caserne, nous avons suivi les quais et le port marchand jusqu'au bout. Il n'y manque pas de vaisseaux, surtout n'étant qu'à 12 kilomètres de la mer. Cependant, comme la rivière n'était point assez profonde pour les vaisseaux à trois mâts, on vient de faire un canal qui va rejoindre la mer.

Nous avons aussi visité les églises, entre autres Saint-Étienne, superbe cathédrale attenant au lycée, un des plus grands que nous ayions en France ; ce même lycée avait été bâti et occupé autrefois par des moines. Les escaliers, les galeries, tout est grandiose. A peu de distance est la maison du Bon-Saint-Sauveur ; deux cents religieuses sont occupées à instruire les sourds-muets. Dans le même établissement sont les fous. Tous les bâtiments sont à une grande distance l'un de l'autre ; c'est grand comme un village ; les jardins, les prairies, les basses-cours, rien n'y manque : un lavoir, un séchoir à trois étages.

Nous sommes entrés dans la salle d'étude ; les murs sont tapissés d'ardoises. On peut demander aux enfants ce que l'on veut ; la religieuse fait quelques signes, et à l'instant ils écrivent sur l'ardoise la réponse.

En sortant des classes, nous avons traversé un beau jardin qui nous a conduits à la chapelle, qui, quoique petite, est distribuée de manière à contenir assez de monde. L'établissement est considérable, il réunit en tout 1,400 personnes.

Après avoir remercié ces dames, nous sommes sortis. Il nous restait un peu de temps, nous en avons profité pour aller au jardin botanique.

Les serres sont placées à l'entrée. De hauts monticules, traversés d'allées, en serpentant autour de jolies corbeilles de fleurs, dominent le jardin des plantes. Assis sur les bancs, on se croirait plutôt dans un parc que dans un jardin public. De là on découvre toute la ville. Nous regrettons de ne pouvoir y rester plus longtemps.

Caen peut être rangée au nombre des belles villes de France. Nous désirons en trouver autant à Évreux, où nous allons demain.

Tout le long de la route, on passe au milieu de

plaines immenses dont le terrain est un peu maréca-
geux. Avant d'arriver à Lisieux, assez vilaine ville,
nous sommes passés devant le beau château de
M. Guizot; il l'habite dans ce moment.

A onze heures du soir, nous arrivions à Évreux,
notre dernière étape, car de là nous irons droit à
Paris.

En vain nous cherchons le soleil depuis deux mois
que nous avons quitté l'Espagne, nous ne trou-
vons plus partout qu'un ciel chargé de nuages. Il
pleut presque toujours; aussi, malgré la chaleur que
nous avons éprouvée en Espagne, nous regrettons
son beau climat : on ne peut réunir tout à la fois.

Fermons donc l'ombrelle, et ouvrons le parapluie.

En attendant le beau temps, nous avons parcouru
Évreux. La ville est fort triste; les maisons sont bien
bâties et les rues très-propres. Le commerce n'y est
point animé. Le jardin des plantes est très-joli, om-
bragé, en partie, par de beaux arbres. Le fond du
jardin est sur une haute colline ayant des allées en
tous sens pour arriver à un petit labyrinthe, d'où l'on
découvre la ville et les environs. C'est la seule promenade; cela paraît même suffisant pour ceux qui
ont le goût de sortir, car nous n'y avons rencontré
que cinq à six personnes.

Nous sommes ensuite allés à la cathédrale. Le portail, l'extérieur, aussi bien que l'intérieur, tout est
d'une architecture finie. Le dôme a 53 mètres de
haut, et la nef paraît d'autant plus haute, que l'église

12

est un peu étroite et très-longue. Elle a été bâtie dans le xie siècle, le chœur dans le xiiie siècle ; Louis XI a fait la chapelle de la Vierge, dont les vitraux sont magnifiques ; les couleurs sont restées vives à faire croire qu'ils viennent d'être posés à l'instant.

La cathédrale est la seule chose remarquable à Évreux.

Pour utiliser notre temps, nous sommes allés nous promener dans les environs, dont le site est assez joli. Plusieurs courants d'eau circulent dans des prairies entourées de hauts coteaux. De belles habitations longent la route.

Pour notre dernière excursion, nous avons eu beau temps. La campagne semblait nous dire : « Restez, les beaux jours ne sont pas encore passés. » Mais, dans le département de l'*Eure*, il ne vous est pas permis d'être en retard, et, puisque notre départ est fixé et nos places arrêtées, partons avec l'espoir que les beaux jours nous suivront à Paris.

TABLE.

Paris, imprimerie de Paul Dupont, rue de Grenelle-St-Honoré, 45.

Paris, Imp. de Paul Dupont, rue de Grenelle-St-Honoré, 45.